用心触摸
世界的
温暖和美好

毕淑敏－著

中国青年出版社

目录

第一辑　有微弱的灯火闪耀在露珠里

岁月把苦难酿成了感动，贫困时的相濡以沫变成了贴身的温暖。回望童年，才会愕然发现，深藏在记忆里的风景，不用刻意思考，就是快乐。

第二辑　天在下雨，雨是我的家乡

很多生物都要蜕皮才能长大，人在生理上是不蜕皮的，但生理上有不断蜕变的生命周期。其中非常重要的一次化蛹为蝶，就是离开原生家庭，独自凛然面对沧桑。

第三辑　附在耳边，轻轻地说……

人的情感也像路一样，有时平坦笔直，有时凸凹扭曲。但人生在旅途无尽的颠簸之中，还是缓缓向前，友善与真诚是雾海中孤独不灭的灯。

第四辑　有爱的日子

有爱的日子，也许我们很穷，但每一分钱都能带给我们双倍的快乐。也许我们的身体坏了，每况愈下，但我们牵着相爱的人的手慢慢老去，旅途就不再孤独。也许我们是平凡和微小的，但我们竭尽全力做着喜欢的事，心中便充满温暖安宁。

目 录

第五辑　藏在心灵树洞的故事

人生并没有一定的对错之分。生命是一个过程，万丈红尘、万千气象都是常态。宽容就是接受和自己不同的人生状态，并不歇斯底里。

第六辑　靠近阳光、天空和云朵

我喜欢纯真朴实的年代，敬佩坦荡勇敢的人，喜欢让自己的汗水在土地里生根发芽，长出金色的麦穗，不是用于炫耀光芒，而是在暗夜中照亮你我安详的脸庞。

第七辑　天堂只是悄声细语

我们原本是从自然中来，必有一天要回到自然中去。在这个短暂的旅途之中，我们要千百倍地珍惜生命……

跋

有微弱的灯火闪耀在露珠里

岁月把苦难酿成了感动，贫困时的相濡以沫变成了贴身的温暖。回望童年，才会愕然发现，深藏在记忆里的风景，不用刻意思考，就是快乐。

呵护心灵

　　那一年十七岁，在西藏雪域的高原部队当卫生兵，具体工作是做化验员。雪山上的条件很差，没有电，许多医学仪器都不能用。化验血的时候，只有凭着眼睛和手做试验，既辛苦，也不易准确。

　　一天，一个小战士拿了一张化验单找我，要求做一项很特别的检查。医生怀疑他得了一种很古怪的病，这个试验可以最后确诊。试验的做法是先把病人的血抽出来，快速分离出血清。然后在五十六摄氏度的情形下，加温三十分钟。再用这种血清做试验，就可以得出结果来了。

　　我去找开化验单的医生，说，这个试验我做不了。

　　医生问：为什么？

　　我说，你想啊，整整半个小时，要求五十六摄氏度分毫不差。要是有电暖箱，当然简单了。机器的指针旋钮一应俱全，把温度和时间定死，一按电钮，就开始加温。时间到，红色指示灯就亮了，大功告成。但是没有电，你就抓瞎没办法。我又不能像个老母鸡似的把血标本揣在身上加温。就算我乐意干，人的体温也不到五十六摄氏度啊。

医生说，化验员，想想办法吧。要是没有这个化验的结果，一切治疗都是盲人摸象。

我是一个好心加耳朵软的女孩。听了医生的话，本着对病人负责的精神，仔细琢磨了半天，想出一个笨法子，就答应了医生的请求。

那个战士的胳膊比红蓝铅笔粗不了多少，抽血的时候面色惨白，好像是把他的骨髓吸出来了。

前面的步骤都很顺利，我开始对血清加热。

我点燃一盏古老的印度油灯，青烟缭绕如丝，好像有童话从雪亮的玻璃罩子里飘出。柔和的茄蓝色火焰吐出稀薄的热度，将高原严寒的空气炙出些微的温暖。我特意做了一个铁架子，支在油灯的上方。架子上安放一只盛水的烧杯，杯里斜插一根水温计，红色的汞柱好像一条冬眠的小蛇，随着水温的渐渐升高而舒展身躯。

当烧杯水温到达五十六摄氏度的时候，我手疾眼快地把盛着血清的试管放入水中，然后双眼一眨不眨地盯着温度计。当温度升高的时候，就把油灯向铁架子的边缘移动。当水温略有下降的趋势，就把火焰向烧杯的中心移去，像一个烘烤面包的大师傅，精心保持着血清温度的恒定……

说实话，这个活儿真是乏味透顶。凝然不动的玻璃器皿，枯燥单调地搬移油灯，好像和一个三岁小孩下棋，你既不能赢又不能输，只能像木偶一样机械动作……

时间艰难地在油灯的移动中前进，大约到了第二十八分钟的时间，一个好朋友推门进了化验室。她看我目光炯炯的样子，大叫了一声说：你不是在闹鬼吧，大白天点了一盏油灯！

我瞪了她一眼说，我是在全心全意地为病人服务，正像孵小鸡一样地给血清加温呢！

她说，什么血清？血清在哪里？

我说，血清就在烧杯里啊。

我用目光引导着她去看我的发明创造。当我注视到水银计的时候，看到红线已经膨胀到七十摄氏度的范畴，劈手捞出血清试管。就在我说这一句话的工夫，原本像澄清茶水一般流动的血清，已经在热力的作用下，凝固得像一块古旧的琥珀。

完了！血清已像鸡蛋一样被我煮熟，标本作废，再也无法完成试验。

我恨不得将油灯打得粉碎，但是油灯粉身碎骨也于事无补，我不该在关键的时刻信马由缰。现在面临的问题是我该怎么办？空白化验单像一张问询的苦脸，我不知填上怎样的答案。

最好的办法是找病人再抽上一管鲜血，一切让我们重新开始。但是病人惜血如命，我如何向他解释？就说我的工作失误了吗？那是多么没有面子的事情！人人都知道我是一个尽职尽责的好化验员，这不是自己抹黑吗？

想啊想，我终于设计出了如何对病人说。

我把那个小个子兵叫来，由于对疾病的恐惧，他如惊弓之鸟战战兢兢。

我不看他的脸，压抑着自己的心跳，用一个十七岁女孩可以装出的最大严肃对他说：我已经检查了你的血，可能……

他的脸唰地变成霜地，颤抖着嗓音问，我的血是不是有问

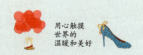

用心触摸世界的温暖和美好

题？我是不是得了重病？

等待检查结果的病人都如履薄冰。我虽然年轻，也很懂得利用这种心理。

这个……你知道像这样的检查，应该是很慎重的，单凭一次结果很难下最后的结论……

说完这句话，我故意长时间地沉吟着，一副模棱两可的样子，让他在恐惧的炭火中慢慢煎熬，直到相信自己已罹患重疾。

他瘦弱的头颅点得像啄木鸟，说，我给您添了麻烦，可是得了这样的病，没办法……

我说，我不怕麻烦，只是本着对你负责，对你的病负责，还要为你复查一遍，结果才更可靠。

他苍白的脸立刻充满血液，眼里闪出星星点点的水斑。他说，化验员，真是太谢谢啦，想不到你这样年轻，心地这样好，想得这么周到。

小个子兵说着，几乎是迫不及待地撸起袖子，露出细细的臂膀，让我再次抽他的血。

我心里窃笑着，脸上还做出不情愿的样子，很矜持地用针头扎进他的血管。这一回，为了保险，我特意抽了满满的两大管鲜血，以防万一。

古老的油灯又一次青烟缭绕，我自始至终都不敢大意，终于取得了结果。

他的血清呈阴性反应，也就是说——他没有病。

再次见到小个子兵的时候，他对我千恩万谢。他说，化验员啊，你可真是认真啊。那一次通知我复查，我想一定是我有病，吓死我了。这几天，我思前想后，把一辈子的事都想过了一遍。幸亏又查了两次，证明我没病。你为病人真是不怕辛苦啊！

我抿着嘴不吭声。

后来领导和同志们知道了这件事，都夸我工作认真谦虚谨慎。

在以后很长的时间里，我都为自己当时的灵动机智而得意。

我的年纪渐长，青春离我远去，肌体像奔跑过久的拖拉机，开始穿越病魔布下的沼泽。有一天，当我也面临重病的笼罩，我对最后的化验结果望穿秋水的时候，我才懂得了自己当年的残忍。我对医生的一颦一笑察言观色，我千百次地咀嚼护士无意的话语。我明白了当人们忐忑在生死的边缘时，心灵是多么的脆弱。

为了掩盖自己一个小小的过失，不惜粗暴地弹拨病人弓弦般紧张的神经，我感到深深的懊悔。

假如今天我出了这样的疏忽，我会充满歉意地对小个子兵说，对不起，因为我的粗心，那个试验做坏了，现在我来重新做。

我想他也许会发脾气的，斥责我的不负责任。按照四川人的火爆脾气，大骂几句也有可能。我会安静地倾听他的愤怒，直到他心平气和的那一瞬。我相信他还会撸起袖子，让我从他比红蓝铅笔粗不了多少的胳膊上抽血……也许他会对别人说我是一个蹩脚的化验员，我会微笑着不做任何解释。

我们可以吓唬别人，但不可吓唬病人。当我们患病的时候，精神是一片深秋的旷野。无论多么轻微的寒风，都会引起萧萧黄叶的凋零。

让我们像呵护水晶一样呵护病人的心灵。

你永不要说

二十年前，我在西部边陲的某部队留守处当军医，主要给随军家属看病。婆姨们的男人都在昆仑山上戍边，家里母子平安，前方的将士就英勇。我的工作很重要。

家眷都是从天南地北汇聚来的。原来在农村，地广人稀，空气新鲜，不易患病。现在像羊群似的赶在一起，加之西北干燥寒冷，病人不断，忙得我不亦乐乎。

我的助手是卫生员小鲁，一个四川籍的小个子兵，长得没什么特色，只是一对眼睛又黑又亮，叽里咕噜地转，像蜜炼的中药丸。正是"文革"期间，他没接受过正规培训，连劳动带扔手榴弹加在一起，算上了几个月的卫生员训练班。不过心灵手巧，打针、换药、针灸都在行。每天围着我问这问那，总说学好了本领，回家给他奶奶瞧病去。他奶奶有很严重的气管炎，喘得像堵了一半的烟筒。

一天他对我说，毕医生，我想买点青霉素给我奶奶治病。我给他开了处方，他买了药寄回去。过了些日子，他说奶奶的病比以前好多了，我们都为他高兴。可是青霉素用完了，想再买些。我又给他开了处方，这次他没拿到药。领导说药不多了，工作人员不能老自己买，得留给病人用。

边防站乔站长的独生子小旗病了，我开了青霉素打针，那剂量对一个五岁的孩子来说，足够大的。我向来崇尚毛主席老人家说的集中优势兵力打歼灭战的计策，用地毯式轰炸。

连续打了四天针，孩子的病势丝毫不见轻。我很纳闷，这种怪症最近不断出现，用药像泼凉水一样，好像是一种极耐药的病菌侵袭了孩子。

有人说这医生的医术不高，这么年轻，自己没生过孩子，哪里会给孩子瞧病？

我说，我还没上过战场呢，可我治好过枪伤。

人们不再说什么，但孩子的病日渐沉重。我只有查书，把厚厚的书页翻得如同柳絮飞花，怕自己贻误了小小的生命。

终于有一天，小旗的妈妈怯生生地问我，您给我儿开的药，是一瓶还是半瓶？

我说，是一瓶啊。

她有些迟疑地说，那小鲁给我家小旗每次打的都是半瓶。

我的心"嗖"地紧缩成一团，像腊月天里一个冻硬了的馒头。这个小鲁！一定是他克扣了病人的药品，把青霉素私存起来，预备寄回家。

小鲁呀小鲁，这不是儿戏，人命关天！

我该怎么办？

当下顶要紧的是赶快给小旗补上一针。

之后我想了许久。

报告领导吗，小鲁从此就毁了。贪污病人的药品，就是贪污

用心触摸
世界的
温暖和美好

轻抚你的柔软

病人的生命，置之不理，更不行。要是让病人家属知道了，要是
病人因此有个三长两短，非得有人找他拼命。

　　我把小鲁叫出来，对他说，小旗的病若是治不好，会转成肾
炎、关节炎、心脏病⋯⋯

　　他惊愕地瞪圆眼睛，说真有这么严重？没有人给我们讲过这
些，训练班里就讲过打针的时候要慢慢推药，病人不疼。

我说，我知道你惦记你的奶奶，可你知道每一个病人都有亲人。你的心里除了装着你的奶奶，也要给别人留个地方……

我说你不要以为打针不过是把一些水推到肉里，就像盐进了大海，谁也看不见。不是的，科学是谁也蒙骗不了的，用了什么药该出现什么疗效，那是一定的。假如出了意外，那可就是出了医院进法院……

他的脸变得像包中药丸的蜡壳一样白。

毕医生，我……我……他说。

我赶快堵住他的嘴，就像黄继光堵枪眼一样果断。哦，别说，什么也别说。世界上有些事情，记住，永不要说。

你不说，就没有任何人知道。

你不知道我不知道，我们永远都不需要知道。不要把错误想得那么分明。不要去讨论那个过程，把它像标本一样在记忆中固定。有些事情不值得总结，忘记它的最好方法就是绝不回头。也许那事情很严重，但最大的改正是永不重复。

小鲁的眼泪流下来。我不怕眼泪，我怕他说话。还好，他很聪明，听懂了我的话，什么也没有说。

我长长地吁了一口气。

后来，小旗的病很快好了，留守处再也没有出现过用药不灵的怪症。

再后来，小鲁因为工作认真负责，对病人春风般温暖，被送到军医大学学习，成了一名很优秀的医生。

只是不知他奶奶的病好了没有。有这么孝顺的孙子，该是好了的。

那个搭车的青年

那一年，我五一放假回家，搭了一辆地方上运送旧轮胎的货车，颠簸了一天，夜幕降临才进入离家百来里的戈壁。正是春天，道路翻浆。突然在无边的沉寂当中，立起一根"土柱"，遮挡了银色的车灯。

"你找死吗？你！你个兔崽子！"司机破口大骂。我这才看清是个青年，穿着一件黄色旧大衣，拎着一个系着棕绳的袋子。

"我不是找死，我要搭车，我得回家。"

"不搭！你没长眼睛吗？驾驶室里已经有人了，哪有你的地方！"司机愤愤地说。

"我没想坐驾驶室，我蹲大厢板就行。"

司机还是说："不搭！这样的天，你蹲大厢板会生生冻死！"说着，踩了油门，准备闪过他往前开。

那个人抱住车灯说："我母亲病了……我到场部好不容易借到点小米……我母亲想吃……"

"让他上车吧！"我有些同情地说。

他立即抱着口袋往车厢上爬："谢谢谢……谢……"最后一个"谢"字已是从轮胎缝隙里发出来的。

夜风在车窗外凄厉地鸣叫，司机说："我有一个同事，是个很棒的师傅。一天，他的车突然消失了，很长时间没有踪影。后来才知道，原来是有个青年化装成一个可怜的人，拦了他的车，上车以后把他杀死，甩在沙漠上，自己把车开跑了。"

我心里一沉，找到司机身后小窗的一个小洞，屏住气向里窥探。

"他好像有点冷，别的就看不出什么了。"我说。

"再仔细瞅瞅，我好像觉得他要干什么。"这一次，我看到青年敏捷地跳到两个大轮胎之间，手脚麻利地搬动着我的提包，那里装着我带给父母的礼物，"哎呀，他偷我的东西呢！"

司机很冷静地说："怎么样？我说得不错吧。"

"然后会怎么样呢？"我带着哭音说。

"你也别难过，我有个办法试一试。"

只见司机狠踩油门，车就像被横刺了一刀的烈马，疯狂地弹射出去。我顺着小洞看去，那人仿佛被冻僵了，弓着腰抱着头，石像般凝立着，企图凭借冰冷的橡胶御寒。我的提包虽已被挪了地方，但依旧完整。

我把所见跟司机讲了，他笑了，说："这就对了，他偷了东西，原本是要跳车了，现在车速这么快，他不敢动了。"

路面变得更加难走，车速减慢了。我不知如何是

好，紧张地盯着那个小洞。青年也觉察到了车速的变化，不失时机地站起身，重新搬动了我的提包。我痛苦得几乎大叫，就在这时，司机趁着车的趔趄，索性加大了摇晃的频率，车身剧烈倾斜，车窗几乎吻到路旁的沙砾。

我想到贼娃子一举伤了元气，一时半会儿可能不会再打我提包的主意了，心里安宁了许多。只见那个青年艰难地往轮胎缝里爬，他把我的提包紧紧地抱在怀里，往手上哈着气，摆弄着拉锁上的提梁。这时，他扎在口袋上的绳子已经解开，就等着把我提包里的东西搬进去呢……

"师傅，他……他还在偷，就要把我的东西拿走了……"我惊恐万状地说。

"是吗？"师傅这次反倒不慌不忙，嘴角甚至显出隐隐的笑意。

"到了。"司机突然干巴巴地说。我们到一个兵站了，也是离那个贼娃子住的村最近的公路，他家那儿是根本不通车的，至少还要往沙漠腹地走十公里……司机打亮了驾驶室里的大灯，说："现在不会出什么事了。"

那个青年挽着他的口袋，像个木偶似的往下爬，狼狈地踩着车轱辘跌下来，跪坐在地上。不过才个把时辰的车程，他脸上除了原有的土黄之外，还平添了青光，额上还有蜿蜒的血迹。

"学学啦……学学……"他的舌头冻僵了，把"谢"说成"学"。

我们微笑地看着他，不停地点头。

用心触摸世界的温暖和美好

他说："学学你们把车开得这样快，我知道你们是为我在赶路……"他抹了一把下颌，擦掉的不知是眼泪、鼻涕，还是血。他点点头，恋恋不舍地离开了我们。看着他蹒跚的身影，我不由自主地喝了一声："你停下！"

"我要查查我的东西少了没有。"我很严肃地对他说。司机赞许地冲我眨眨眼睛。青年迷惑地面对我们，脖子柔软地耷拉下来，不堪重负的样子。我爬上大厢板，动作是从未有过的敏捷。

我看到了我的提包，像一个胖胖的婴儿，安适地躺在黝黑的轮胎之中。我不放心地摸索着它，每一环拉锁都像小兽的牙齿般细密结实。突然触到棕毛样的粗糙，我意识到这正是搭车人袋子上那截失踪的棕绳。它把我的提包牢牢地固定在车厢的木条上，像焊住一般结实。

我的心像凌空遭遇寒流，冻得皱缩起来。

信 使

我十七岁的生日，是在藏北高原过的。那天，正好是军邮车上山的日子，这个生日便像美丽的项圈，久久地悬挂在我胸前。

喜马拉雅山、冈底斯山、喀喇昆仑山，像三柄巨大的棱锥，将我所在的部队托举到了离海平面五千多米的高度。我的生日在10月，这正是平原上麦秸垛金黄而干燥的时光，昆仑山却已万里雪飘。就要封山了，封山是冰雪发出的禁令，我们将与世隔绝到春天。

战友们把水果罐头汁倾倒在茶褐色的刷牙缸里，彼此碰得山响，向我祝贺。对于每月只有一筒半罐头的我们来说，这是一场盛大的庆典。

但心中总有淡淡的悲愁——我想家。

一位白发苍苍的老医生对我说：也许军邮车今天会来的。

你骗人！我大叫。有时候猛烈指责别人说谎，其实是太渴望那消息真实。

军邮车大约每月从新疆喀什开上昆仑山一次，日子并不准，仿佛一只来去无踪的青鸟。老医生戍边多年，他的话有时像符咒一样灵验。"每年封山前上山的最后一辆车，总是军邮车。山下

用心触摸
世界的
温暖和美好

的人都知道我们的心。"他晃着满头的白发，像一丛银针。

那天夜里，军邮车像破冰船一样，跋涉五天，英勇地到了，整个军营为之沸腾。我们真想欢呼，但军人只有打了胜仗才允许欢呼，我们屏住气盯着一处房舍。房舍门口站着两个威武的士兵。因为曾有一次，迫不及待的边防军人们跑去抢信，从此在军邮车到来的日子，分拣信件的房间便加站双岗。

各单位取信的人站在房外，一取到信就像古代的驿马接到加急文书，拔腿就跑，送给望眼欲穿的人们。

在高原上奔跑，不是一件轻松的事。这活儿一般都分给腰细腿长的年轻人，但白发苍苍的老医生执拗地要做这件事。知情的人私下里说他家中有很老的双亲、很弱的妻子、很小的孩儿，想信比别人更甚。

老医生说，有一年封山的时间格外长。半年后军邮车首次上山，信件一直撂到分拣人的胸前。他们在信海中游走，呼吸都很困难。

老医生抱着一大摞信，我们扑上去抢。那时候干部去干校，知青接受再教育，妻离子散的多，信件也格外多。每个人都像蜘蛛一样，吐出思念思索的长丝，织一张自己的情感信息之网。

霎时老医生手中就空了，接下来是唰唰撕信，信皮的断屑萧萧而下。

我最先看的是父母的信。仿佛有一只温暖而柔软的手，从洁白的笺纸中探出来，抚摸着我额前飘动的乌发，心便不再凄然。

再看同学和朋友的信。我的同桌此刻在遥远的西双版纳，信中夹了一朵花的标本。她说这是景洪最美丽的花，有沁人肺腑的香气。夹花的那页信纸留有大片紫色的痕液，想象得出花盛开时的娇嫩。我低头嗅那被花汁浸泡过的地方，哪有什么香气，有的只是纯正而凛冽的冰雪气息缭绕其中。

我连夜回信。营区是柴油发电机供电，平常日子，每晚只亮两个小时，然后就像木偶人似的眨几下眼睛，熄灭了。军邮车一来，首长便传令延长发电时间，以利于拣信和回信——首长其实也很盼信。

同屋的女兵嘤嘤地哭了起来。她的小侄子病了。我们都放下笔去劝她，然而女孩子常常是这样——越劝越哭得欢畅。

老医生悠长地叹了一口气："告诉离得这么远的一个小姑娘，孩子的病就能好了吗？我家里人是从不这样的。"

不一会儿，女兵停止了哭泣，因为从老医生送来的第二批信中她得知小侄子的病已经好了。

"要有经验，"老医生说，"把信全拆开，码饼干似的排好，从最后面的看起，前面的只能做参考。"

这自然是至理名言。这么办，时间长了，我们也发现了弱点。好比一本回肠荡气的小说，快刀斩乱麻先看了结尾，再回过头去细细咀嚼，便少了许多悬念和曲折。

那一次军邮车上山，老医生没有收到一封信。按照他们家的逻辑，没有信来也许就是出事了。他的忧郁持续了整个冬天。

在这海拔五千米的高原营地，每逢有人下山，就会挨门挨户地问："我要走了，要不要带信？"哪怕是平日最猥琐的人，在这件事上也绝对平和而周到，这是高原的风俗。

有时候突然写好一封信，又不知谁能带走，就在吃饭人多时喊："谁能下山，告我一声。"一次，一个素不相识的人对我说："我知道你父亲的名字。""你看过我的档案？"我问。"不是，几年前我为你带发过家信。"我已经完全记不得是托什么人又转到他手中的，于是赶忙表示迟到的谢意。

在我十七岁生日过去半年的时候，收到了西双版纳同学的回信："那朵花怎么是紫色的呢？它是雪白的呀！而且，绝不可能没有香气！"

信是老医生送来的。这是开山后的第一次通邮，他也很快乐，他的家里寄来了平安信。有时候他又突然疑惑，说他家会不会有什么事瞒了不肯告诉他。我们都说不会不会，你是家里的顶梁柱，他们离了你，根本就办不了事，怎么会瞒你！他也觉得很有道理，心宽许多。

终于，轮到他探家了。很早就告诉我们：他下山时专门预备一个提包，为大家装信。我便对着昆仑山皑皑的冰雪，咬着笔杆，从从容容地写了大约三十封信，每一封都竭尽我的才能。

我双手捧着这摞信，郑重地交给老医生。他的白发在雪峰的映衬下，晃动得像一盆水中的粉丝，"你放心好了，我到了山下第一件事就是为大家发信！假如回信快的话，下次军邮车上来，你们也许就能收到回信了。"

他走了。军邮车像候鸟，飞来一次又一次，但那三十封信却一封不见回音。原来他下山乘坐的车翻了，这在高原是很平常的事。熊熊烈火吞噬了他银发苍苍的头颅，那个装满信件的旅行包，顷刻之间化为青烟。

那三十封信，只有给父母的那封信，我重写了托人发出。给其他人的，便再也提不起兴致。只要抓起笔，老医生的白发就在眼前灼目地闪动，眼珠便发酸。大团大团的冰雪，在我胸臆中凝结。

后来，在老医生的追悼会上，我才知道他的生辰，远没有我想象的那样老。满头灿然的白发，是昆仑山馈赠他的不能拒绝的礼物。

他死了以后，军邮车还带来过他的家信。我第一次注意了一下地址，是广西一个很偏远的小城。又在地图上仔细寻找，那地方在北回归线以南，属于热带，该是非常炎热的。老医生的家乡，距离昆仑山，大约有一万五千里。

那封迟到的信，边缘已经磨损，好像烙熟又蒸了几遭的馅饼，几处裂口的地方，被薄而坚韧的透明纸粘贴过，上面打着蓝色的印章：邮件已破，军邮代封。

不知这是否是封报平安的家信？

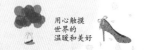
用心触摸
世界的
温暖和美好

曼巴牙古都

到乡下去给老乡看病，真像郊游一般有趣，但这种机会不是很多。不是我们不想为贫苦的牧民送医送药，而是因为我们的住所周围都是荒原，很少有牧民。牧民们要赶着他们的羊群，到有牧草的地方栖息，行踪飘忽不定，很难找到他们。

一天，有个向导说离我们几十公里处的牧民患了病，需要我们去诊治。我、果平和一位老医生立刻骑上马出发了。

我的坐骑是一匹栗色小马，步伐均匀而快捷；果平就有些惨了，她的枣红马像城墙一般魁梧，眼神傲慢，一点儿不把果平这位清秀的骑士放在眼里。

我只能在心里暗暗同情果平，却不敢提出和她换马。不是我胆小，而是骑术不如果平。在草原上，单是胆大没有用，马是很有灵性的动物，只要你一跨上马背，它就能立即判断出你是高手还是软包，它可会看人下菜碟呢！

果然，果平一跃上马，枣红马就乖乖收敛起骄傲的神色，服从她的调遣；倒是我的栗色小马，欺负我的骑术不精，东张西望地不好好赶路。老医生直催我："再不快走，我们就要在草原上过夜了。"

到了牧民们聚集的地方，他们高呼着："曼巴（藏语，医生之意）给我们送吉祥来啦！"扶老携幼地拥出帐篷，把我们围得水泄不通。

牧民们一年到头在草原上游牧，气候严寒，环境恶劣，几乎每个人都病痛在身。老医生看病，果平打针，我发药，一时间忙得头都抬不起来。

由于看病比较慢，老医生那儿就积满了人。我和果平是执行医嘱的，就比较轻闲了。

有一位藏族老人走到我面前，很急切地说了一番话。我和果平不懂藏语，只能朝着他微笑。向导说："老人说你们是天上降下的菩萨，请给他看一看关节痛的病。"

我和果平还想推辞，向导说："我看老人是诚心诚意地请你们看病，你们就给他看吧，要不他会伤心的；要是他的病真的很重，再找老医生看也不迟。"

我和果平连连摆手说："老医生医术高，还是请他看吧。"

老人合着手掌说，他还要照看羊，等不了那么长的时间，他相信我们能医好他的病。

我和果平就仔细地给老人检查了身体，确诊他是一般性的关节炎。我给他拿了药，果平给他扎了针。老人脸上浮出笑容，说是感觉好多了。

我和果平都很高兴，没想到老人脸色一变，又急切地说个不停。

向导说："老人想让你们用听诊器为他听听关节。"

我和果平目瞪口呆。听诊器我们倒是有，但那是听心脏查血压的，怎么能听膝盖呢？膝盖里是什么声音都没有的啊！

向导把我们的话翻译给老人，没想到他执拗地说个不停，最后，简直变成了恳求，说他以前见过的土曼巴，都是用这个亮闪闪的小银铊，把人的全身都听个遍的，然后，牵走三只羊。

我和果平还在犹豫，向导说："你们就满足老人的心愿吧！"

于是，我就把听诊器挂在耳朵上，又用手心把金属听头捂热，怕冰了老人的皮肤。一切都准备好了以后，老人打开他的羊皮袄，我把听诊器听头端端正正地扣在他的膝盖上……耳朵里当然什么声音也没有，可我装作专心致志的样子，眉端一会儿聚起，一会儿舒展，好像若有所思地在分辨什么音响……

过了足足五分钟，我才收起听诊器，对一直紧张注视着我的老人说："您的关节有一点毛病，但是，不要紧；吃了药，就会好的。"

老人放心地嘘了一口长气，好开心的样子离去了。

我和果平又为别的病人忙起来。过了一会儿，老人牵着一头大山羊走过来，对向导连比画带说，很激动的样子。

向导对我们说："老人讲的是'曼巴牙古都'，翻成汉语的意思就是医生好！他要把这只羊送给你们，请你们收下他的一片心意。"

我和果平惊得张开嘴巴合不拢，我们只为老人做了这么一点应该做的事，老人就要如此重谢我们，怎能叫人承受得起哪？！

我们赶紧对向导说："羊是万万不要的，老人以后要躲避潮湿，关节就会好起来。"

向导把我们的话转达给老人。

老人泪光闪闪地说："以前的游医，给牧民一盒清凉油就要换走一只羊。土其切！土其切！"

向导告诉我们："'土其切'的意思是'谢谢'！"

听见你呼吸

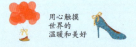

用心触摸
世界的
温暖和美好

寻　枪

　　他是我的战友，是一名将军。记得当年我从西藏阿里军分区转业回北京的时候，有一些书籍没法包装，求助于当教导员的他。他用羊角锤，把军用罐头废弃箱子上狰狞的锈钉，一根根扭曲着拔出来，用拆下的木板，做成一只敦实的小箱子。他说："毕医生，盛上你的医书回家去吧，就算整个火车皮翻了个儿，你的这箱子书也不会散了架。"

　　果然，跋涉万水千山，我把书平安地带回北京。虽然现在我已不当医生了，但这些曾在高原陪伴过我不眠之夜的册页，暗夜中依然刺透书橱，散发着雪莲般的清冽之气，让我在万丈红尘中警醒。

　　几十年过去了，我们在西北重逢。见面那一瞬，他大不满，盯着我上下打量，说："你……你！你怎么能变成这个样子？！"

　　我不解，说："咋啦？我一直是这个样子啊！"

　　他愤慨地摇摇头说："当年英姿勃勃的女军医哪里去了？简直成了大腹便便的老大娘！"

　　我大笑，说："原来是为了这个啊！岁月不饶人，你也不看看自己成了什么模样！你以为你好到哪里啊！"

他抻抻军装，正正军帽，很认真地说："我们是可以变老的，但你们不可以。你们在我们心目中，永远年轻。"

他所说的"我们"，是指 20 世纪 60 至 80 年代，西藏阿里军分区的男军人们。所说的"你们"，是在阿里服役的第一批女兵。那时，我是这个女兵班的班长。

我说："不公平啊，岁月一视同仁地让我们老去。"他说："是啊，我们的血曾经在同一个山峦冻成冰坨，就算后来暖化了，里面也总遗留着六角形的红雪花。"

临分手的时候，将军说："你现在专职写字，不做医生了？"

我说："是啊，当医生是万分要紧的事情，一心不可二用。地扫不干净，可以重来，病看错了，就没法还他一命。这天大的要害，我承担不起，只有暂时不做。"

将军说："你说暂时不做，就是说以后还有可能从医？"

我说："万事皆有可能。我医术尚好，总怀念白大褂下素净的安宁和慈悲。哪一天写得倦了厌了，重操旧业也说不定。"

将军突然有些焦灼起来，"那趁着你还写书的时候，我有一事相求。"

我诧异。将军是万人之上的人，有什么需求我一介无权无势的平民，且还是老大娘！

还没容我把疑虑说出口，将军问："你写的文章，可有很多人看？"

我说："有一些吧，不敢说很多。不过，书虽无脚却能漂泊很远。它能到达的地方，恐我一辈子也走不到。"

将军听答，似乎松了一口气，连说："这就好，我想请你帮我

用心触摸世界的温暖和美好

打听个事儿。"

"什么事呢？"

将军说："问枪。"

我说："这是一支什么样的枪？值得你如此牵念？"

将军说："不是一支枪，是两支枪。当年我在阿里，挎两支冲锋枪。从1970年到1975年，在喜马拉雅山、冈底斯山、喀喇昆仑山交界的藏北高原，双枪时刻不离我身边。它们跟着我参加过无数征战，巡逻守防。跟着我风餐露宿，共度数不清的黎明和黄昏。如今，我老了，春节相聚的时候，家人围绕身边，数数人头，谁也不少，可我的心总欠着一角儿在那儿漏风。我思念这两支枪，如思念两位兄弟。我知道，军人离开了，就不该再寻找他的枪，可是我实在难忍牵挂之情，请你把这双枪写进文章，让知道它们下落的人，好歹捎个口信给我。告诉我，它们依然光明锃亮，纤尘不染；告诉我，它们依然能击发出焦脆的声响；告诉我，它们依然能让子弹划出金红的抛物线……不然的话，我会永世不宁，直至……死不瞑目。"

我默默无言。半晌，掏出一支笔，"将军，把你的枪号写下来。期待着你和你的枪，能在人间重逢。"

两支冲锋枪号是：P 3063882、P 3063764。

我们彼此需要

用心触摸
世界的
温暖和美好

长寿眉

　　世上原是无所谓城市也无所谓农村的，住的人多了，农村就成了城市。城里的孩子没见过农村，农村就成了城市的反义词。

　　第一次见到农村，我十四岁。

　　军宣队组织学生到乡下帮助秋收，下了火车，要走十八里夜路。

　　农村的夜，比城里的夜要黑得多。每当一团蘑菇样的阴影卧在道路前，我们都以为是将要到达的那个村庄。向导却总不说"停"，他的烟斗在黑夜中像一朵有生命的小红花，花开花落很频繁。

　　不知道长短的路，最累，我们便开始唱歌。唱完了所有的革命歌曲，村子还没有到。沉默像一副行李，深深楔进肩胛。咋不唱啦？向导说。朦胧的星光下，我看到他有很长的眉。好歌都唱完了！我们说。那就唱不好的吧！他说。贫下中农发了话，我们自然遵命。许多优美的抒情歌曲，陪我们走到小村庄。

村庄里到处都是梨树。鸭广梨，梨中不名贵的一种，样子也不好看。疙里疙瘩不圆滑，像是没有睡出模样的婴儿头。我们住在向导家，清明的曙色中，看见他的眉毛是黄色，像猫的胡须一般乍起。

我们干的活是把刨出的白薯装车，运到北京城。那时一斤粮票可以买五斤白薯。向导在地头说，白薯是支援城里工人老大哥的，凡有疤有伤老鼠咬了的，都挑出来。我们便照着他说的做了，拣出一大堆不装车的。向导火了，说，谁说这些不能吃？乡下人吃得，城里人就吃不得吗？倒回去！倒回去！于是我们的劳动基本无效。

活很累，我们便盼着下雨。真下雨了，梨子被打掉许多，半浮半沉地卧在泥水中，像一只只黄色的小瓢。吃梨！向导说。我们都不吃，我们记着三大纪律八项注意。向导的黄眉毛簌簌发抖，像要飘落下来。吃！遭了水的梨，不吃就烂了！他用篮子提了梨，倒在地上，用对孙子讲话的口气对我们说，不吃是罪孽！

他没有孙子，是个老绝户。他说他的眉叫长寿眉，出太阳的时候，就在院子里晾他的寿衣。那些平日难得见到的湛紫、亮黄、趣蓝的颜色，给人以苍凉的震慑。我们都是在城里破过四旧的小将，却很仔细地为长寿眉的寿衣扑赶鸟雀，怕玷污了他那庄严的冥界时装。

因为喝不惯生井水，许多同学开始闹肚子。军宣队号召向贫下中农学习，锻炼喝生水。长寿眉从自家的柴禾堆里掏出干草，丢到我们脚下说，喝开水，我以前见地主的少爷都是喝开水，你们也是读书人。华北平原少柴，引火无非是干燥的麦根和玉米根。长寿眉的柴屋遭了雨淋，四周浸湿，只有垛中间才留点可烧的。我们说不要，长寿眉的黄眉毛，就像马鬃一样飘荡起来。我们只好要了。开水很好喝。

我们要走了。长寿眉一遍一遍对我们说，去年住他家的学生，临走时送了他一包点心，前年的学生，送了他一包白砂糖，大前年的……我们刚开始迟钝，后来终于明白了他的启发诱导，觉得这也太不像贫下中农了。架不住他一次又一次地回忆，我们凑了钱和粮票，给他买了点心也买了糖。

长寿眉把纸包戳一个洞，让点心角和糖纸的翅子，露在薄黄的包装纸外。自己不吃，提到邻居家去，也不给邻居家的小孩吃。

我们临走的时候，他送我们每人一包木耳。那价值远高于我们凑份子买糖果的钱。

去火车站的时候，他驾牛车送我们。牛车驮着我们的行李，颠颠簸簸像一艘海船。长寿眉扬起鞭梢，准确地打在老黄牛身上。

为什么要打老黄牛呢？我们说，想起了这个形象的神圣。

他奇怪地扬了扬黄色的眉毛，眉毛像衰草一样耷拉下来。老黄牛咋不能打呢？它在偷懒呀！

许多年过去了，我不知道老向导是否还生活在那植满梨树的小村庄，他有那么长的长寿眉。

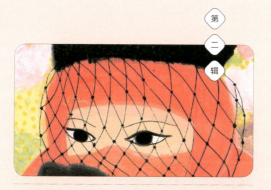

天在下雨，雨是我的家乡

很多生物都要蜕皮才能长大，人在生理上是不蜕皮的，但生理上有不断蜕变的生命周期。其中非常重要的一次化蛹为蝶，就是离开原生家庭，独自凛然面对沧桑。

当我们想家的时候

常常想家。

当我们想家的时候，其实是想起了母亲。当我们想起母亲的时候，其实是想起了无边无际云蒸霞蔚的爱。当我们想起爱的时候，其实是想起了如天宇般宽广淳厚的温暖和一种伟大神圣的责任。当我们想起责任的时候，其实是在宁静致远地思索人生的真谛和生命的尊严。

世上没有关于"家"的节日，好在有一个"母亲节"，让我们飘荡的心有所附丽。每年这一天，人们心心相印地隆重纪念这个节日，感念一种饱含沧桑的爱。

最初发起设定一个母亲的节日的人，定是一位成年人。太小的孩子，我以为是无法理解母爱的。婴儿的热爱的涌起，更多的是源于一种生命本能的驱动。孩子从母亲那里，得到最初的食物和衣着，看到世上第一张欢颜，听到人间第一句笑语……小小的心，像一只薄而透明的钵，盛满了乳色的爱，悄悄涟漪着。以孩子的智力，必认为这些都是上天无缘无故倾倒的玉液琼浆，是与生俱来的赠品。

作为施予的一方，母爱有时也是本能以至盲目愚蠢的代名词。母爱单纯也复杂，清澈也混浊，博大也狭窄，无偿也有偿。体验

这种以血为缘的爱，感知它的厚重深远，纪念它的无私无畏，弘扬它的旗幡，播撒它的甘霖，需要灵敏的悟力和细腻的柔情。世人只知给予艰难，其实接受也非易事，需要虚怀若谷的智慧。只有容纳得多，才有可能付出得多。对于早年无爱的生命来说，就像没有河溪汇入的干涸之库，无法想见在旱魃猖獗时会有泉眼喷涌。

母亲于是成了一种象征——

她是低垂的五谷，她是无尽的蚕丝，她是冬天的羽毛和夏天的流萤。她是河岸的绿柳依依，她是麦田的白雪皑皑。她是永不熄灭的炉火，她是不肯降下毫厘的期望标杆。她是成绩单上的一枚签名，她是风雨中代人受过的老墙。她是记忆中永恒年轻的剪影，她是飓风中无可撼动水波不兴的风眼。

母爱并不仅仅从生育这一生理过程中得来，她是心灵的产物而不是子宫的产物。生育只是母爱的土壤，它可以贫瘠也可以富饶，可以繁衍灵芝也可滋生稗草。

我愿把人类那种最崇高而挚爱，无论来自男女，统称为母爱。母爱如盐，盐主要是来自大海。母爱最主要的蕴藏地当然是母亲了，但世上还有湖盐、井盐、岩盐、池盐……

母爱并不是母亲的专利，它是人类所有最美好最无私最博大的爱的总命名。比如未生育的女子，也会富含母爱，像医家泰斗林巧稚大夫，她的双手，便是摆渡万婴安达人世的慈航。在人类的发展史上，更有无数志士仁人，把无边的爱意和关怀倾泻人寰。那爱的纯正灼热，至今散发着炙烤肺腑的温度，促人们警醒，激人们向前。

无论我们是男人还是女人，成人还是少年，我们都曾欢欣地接受过母爱，我们也都可以成为辐射母爱的源泉。

日 落

用心触摸
世界的
温暖和美好

妈妈的饺子

好受不如倒着，好吃不如饺子。

一句俗话。我以为前半句是极正确的，后半截则"英雄"所见不同。世上比饺子好吃的东西多了去了，但我父母是正宗的山东人，有一种对饺子的崇拜。如果是长久地吃不上饺子，哪怕是天天山珍海味，也是够可怜的。

包饺子太麻烦。不是所有的菜都可以做馅，只有那些辛辣芳香的才好入选，例如韭菜、茴香。这种菜多叶嫩须长，需要"择"。"择"是很费时间的，掐去黄叶，裁掉老根……单调枯燥的过程把人的耐力磨得菲薄，未及开始，就已厌倦。当然也有不需"择"的菜，比如扁豆，但要先烫后剁；比如西葫芦，要擦丝拧水……

如今有了绞肉机，肉馅的细碎已不用愁（涮刷刀刃和料桶，也挺伤脑筋），就不去说它了。

然后是和面。因是偶尔为之，软了硬了就没个谱。好在硬了加水，软了揣面，补救起来并不难。

直到那面的轮廓较之预定的面积要大出几圈，这道工序才告结束。然后给它蒙上一块湿布，等着它"醒"，好像它是一只冬眠的熊。

该往肉馅里打水了。要顺时针方向搅缠，偷工减料可不行。直到手腕子像坠了铅镯子，才算勉强合格。

终于可以包了。

揪面剂子可是个技术活。妈妈总说不能用刀切，有铁锈气。我想不通，平日吃的菜和面条不都要沾铁吗？为什么彼粗放而此细腻？也许由此衬托出饺子的高贵。

分工时，丈夫管前期备料，我承包后期工程。他揪面剂子的手艺不灵，波动频繁。你说剂子小了，他就扔下来两个大的，你说大了大了，他马上又撕两个极小的……不知是谦虚还是成心捣蛋。在我们的不断反馈调整中，饺子们三世同堂。

夫擀皮的技艺也不敢恭维，最大的缺陷是不圆。按剂子的左手拇指过于执着，使面皮的某一局部受力过重。面皮在他递给你的时候，似乎完美无缺。包时稍一抻拽，就像成熟的石榴一般裂开，只不过露出的是绿色内容。

怎么办呢？再擀一张大面页子，把破了的饺子像个婴儿似的包裹起来。亡羊补牢，犹未晚也。只是这种双簧饺子没人爱吃，又不容易熟。

我就打补丁，在饺子的破处再粘上一小块面。当时看着还算妥帖，煮时依旧脱落。不是原装的，一遇到考验，就现出间隙。

我包饺子的技术，尚属过得去。一次在史铁生家吃饭，合伙包饺子，属我的技术最娴熟，但也许是那次去的作家都是南方人。

每逢包到临近收尾，心情就渐渐紧张，怕馅多了面少了之类

供需失调的矛盾。馅多了需重新和面，面多了就拉成几根面条，胡乱丢进最后的开水。

好不容易一个个包得了饺子，又需一锅锅煮。饥肠响如鼓，谁煮谁就最后吃。这乃是家庭生活中考验人的时刻，一般由我"领衔主演"。

煮饺子是有讲究的，开盖煮皮捂盖煮馅……每次口中念念有词，好像一道符咒。

往锅里点上个三四回水，饺子就可以捞在盘里了。再把忙中偷闲剥好的蒜瓣、调好的醋汁一并摆上桌，才算大功告成。

饺子不能煮得太轻，菜叶直直地站在饺子皮里，吃下去会拉肚子的。也不可煮得太过，烂成菜泥，就是婴儿食品了。

还有许多的小讲究，比如"挤"的饺子比包的饺子好吃。"挤"是用两手的拇指和食指合力一卡，使皮和馅的排列发生结构性的重组，浑然一体，吃时整体感很好。这是山东人的专利，非得高手才行，一般人不在行。

吃饺子多么的繁琐！它是家庭餐饮业中的豪举，是主妇功课里的长篇小说。非得有大精力大准备才敢操练，夫妻两个人还得同舟共济，鼎力齐心。

于是便不再吃饺子。当然过春节时不在此例，再忙也要图个吉利。

饺子是一种时间的奢侈品。

有一天孩子对我说："妈，咱们今年还没吃过韭菜馅的饺子呢！"

我说："没吃过也吃不成了，你没听说过，六月韭，驴不瞅。"

儿子说："可我们不是驴啊！驴不瞅，管它呢，我们吃就是了。"

我说："那是句比喻。天热日照长，韭菜的纤维粗糙，辣得熏鼻子，实在是吃不得了。明年再吃，好吗？"

"还是今年吃吧，改别的馅的好了。"他矢志不移。

我瞧瞧摊了一桌的稿纸，说："咱们吃速冻饺子吧。"

他说："我想吃真正的饺子。"

我想对他说，速冻饺子绝对是真正的饺子，只不过是机器包出来的，还是货真价实的。忍了忍，终于咽下去。

我对他说："告诉你一个能吃上饺子的办法。星期天到你奶奶家玩去的时候，奶奶要问你想吃什么，你也别忸怩，就直说想吃饺子，奶奶就会让姑姑给你包的。注意，要说就早点说，别磨蹭到下午才张嘴，闹得人家措手不及。"

儿子脆生生地回答："记住啦！"

我的妈妈在石家庄，有一天石家庄来人，说你妈托我带给你一样东西。

我解开塑料袋，掏出一个盒子，揭开盒盖……

满满一饭盒饺子！

老人家半夜起来和面剁馅，忙了半天。煮好后又用凉开水涮过，确保不粘了，这才装盒。从石家庄带到北京，六百里地呢！来人说。

片刻间，我的泪水像海潮似的涨出眼眶。当着外人，不好意

用心触摸
世界的
温暖和美好

思落泪，强笑着说，我妈也真是的，又不是旧社会，几百里路给我捎饺子，以为我饥寒交迫呢！

那人紧盯着我说，快咬一个尝尝！你妈一会儿怕咸了，一会儿怕淡了，念叨不停。

我赶快吃了一个饺子，可什么滋味都没尝出来。喉咙口很热，像有一块火红的炭卡在那里，其他感觉都抵不过那热。

"不咸，也不淡。正好。"我说。

你妈说你好可怜，连顿饺子也吃不上。那人说。

我父亲已经去世了，只剩下妈妈一个人。我们在遥远的地方，无以尽孝道，妈妈还这样关怀着早已成年的女儿。在凄清的绝早，一个人披衣起身，孤零零地擀皮孤零零地包……一次只能擀几张皮，多了一个人包不过来，就皱了。妈妈是极讲究饺子质量的，这许多饺子她一定包了很久很久……也许她会先拿个小锅，煮几个尝尝……她总说我的口味比她重，一定是自己觉得咸淡适中了，又加上一把盐……过后想想，又怕咸了，心中不安……

我过两天就回石家庄，我跟你妈说，你特喜欢吃她包的饺子。来人很周到地对我说。

"别！可千万别！"我慌得急不择言，"你就跟我妈说，说饺子从石家庄带到这儿，路太远，都馊了，没法吃了。"

不能吧？那人狐疑地俯下身，闻了闻，说："除了香味，没别的味呀！"

我说："求求你，就这么说，不然我妈以后还会带饺子来。"

他停了好一会儿，说："就依你吧。"

那盒饺子个个囫囵滚圆，是典型的"挤"饺子。

额头与额头相贴

如今，家家都有体温表。苗条的玻璃小棒，头顶银亮的铠甲。肚子里藏一根闪烁的黑线，只在特定的角度瞬忽一闪。捻动它的时候，仿佛是打开裹着幽灵的咒纸，病了或是没病，高烧还是低烧，就在焦灼的眼神中现出答案。

儿时家中有一枚精致的体温表，银头好似一粒扁杏仁。它装在一支粗糙的黑色钢笔套里。我看过一部反特小说，说情报就是藏在没有尖的钢笔里，那个套就更有几分神秘。

妈妈把体温表收藏在我家最小的抽屉——缝纫机的抽屉里。妈妈平日上班极忙，很少有工夫动针线，那里就是家中最稳妥的所在。

大约七八岁的我，对天地万物都好奇得恨不能吞到嘴里尝一尝。我跳皮筋回来，经过镜子，偶然看到我的脸红得像在炉膛里烧好可以夹到冷炉子里去引火的炭煤。我想我一定发烧了，我觉得自己的脸可以把一盆冷水烧开。我决定给自己测量一下体温。

我拧开黑色笔套，体温表像定时炸弹一样安静。我很利索地把它夹在腋下，冰冷如蛇的凉意，从腋下直抵肋骨。我耐心地等待了五分钟，这是妈妈惯常守候的时间。

终于到了。我小心翼翼地拿出来，像妈妈一样眯起双眼把它

用心触摸世界的温暖和美好

对着太阳晃动。

我什么也没看到，体温表如同一条宁澈的小溪，鱼呀虾呀一概没有。

我百般不解，难道我已成了冷血动物，体温表根本不屑于告诉我了吗？

对啦！妈妈每次给我夹表前，都要把表狠狠甩几下，仿佛上面沾满了水珠。一定是我忘了这一关键操作，体温表才表示缄默。

我拈起体温表，全力甩去。我听到背后发出犹如檐下冰凌折断般的清脆响声。回头一看，体温表的扁杏仁裂成无数亮白珠子，在地面轻盈地溅动……

罪魁是缝纫机板锐利的折角。

怎么办呀？

妈妈非常珍爱这支温度表，不是因为贵重，而是因为稀少。那时候，水银似乎是军用品，极少用于寻常百姓，体温表就成为一种奢侈。楼上楼下的邻居都来借用这支表，每个人拿走它时都说：请放心，绝不会打碎。

现在，它碎了，碎尸万段。我知道任何修复它的可能都是痴心妄想。

我望着窗棂发呆，看着它们由灼亮的柏油样棕色转为暗淡的树根样棕黑。

我祈祷自己发烧，高高地烧。我知道妈妈对得病的孩子格外怜爱，我宁愿用自身的痛苦赎回"罪孽"。

妈妈回来了。

我默不作声。我把那只空钢笔套摆在最显眼的地方，希望妈妈主动发现它。我坚持认为被别人察觉错误比自报家门要少些恐怖，表示我愿意接受任何惩罚而不是凭自首减轻责任。

　　妈妈忙着做饭，我的心越发沉重，仿佛装满水银（我已经知道水银很沉重，丢失了水银头的体温表轻飘得像支秃笔）。

　　实在等待不下去了，我飞快地走到妈妈跟前，大声说："我把体温表给打碎了！"

　　每当我遇到害怕的事情，我就迎头跑过去，好像迫不及待的样子。

　　妈妈狠狠地把我打了一顿。

　　那支体温表消失了，它在我的感情里留下一个黑洞。潜意识里我恨我的母亲——她对我太不宽容！谁还没失手打碎过东西？我亲眼看见她打碎一个很美丽的碗，随手把两片碗碴一撂，丢到垃圾堆里完事。

　　大人和小人，是如此不平等啊！

　　不久，我病了。我像被人塞到老太太裹着白棉被的冰棍箱里，从骨头缝里往外散发寒气。妈妈，我冷。我说。

　　你可能发烧了，妈妈说。伸手去拉缝纫机的小屉，但手臂随即僵在半空。

　　妈妈用手抚摸我的头，她的手很凉，指甲周旁有几根小毛刺，把我的额头刮得很痛。

　　我刚回来，手太凉，不知你究竟烧得怎样，要不要赶快去医院……妈妈拼命搓着手指。

　　妈妈俯下身，用她的唇来吻我的额头，以试探我的温度。

用心触摸
世界的
温暖和美好

拥抱你的温度

母亲是严厉的人，在我有记忆以来，从未吻过我们。这一次，因为我的过失，她吻了我。那一刻，我心中充满感动。

妈妈的口唇有一种菊花的味道，那时她患很重的贫血，一直在吃中药。她的唇很干热，像外壳坚硬内瓤却很柔软的果子。

可妈妈还是无法断定我的热度。她扶住我的头，轻轻地把她的额头与我的额头相贴。她的每一只眼睛看定我的每一只眼睛，因为距离太近，我看不到她的脸庞全部，只感到一片灼热的苍白。她的额头像碾子似的滚过，用每一寸肌肤感受我的温度，自言自语地说："这么烫，可别抽风……"

我终于知道了我错误的严重性。

后来，弟弟妹妹也有过类似的情形。我默然不语，妈妈也不再提起，但体温表树一样栽在心中。

终于，我看到了许多许多根体温表。那一瞬，我脸上肯定灌满贪婪。

我当了卫生兵，每天需给病人查体温。体温表插在盛满消毒液的盘子里，好像一位老人生日蛋糕上的银蜡烛。多想拿走一支还给妈妈呀！可医院的体温表虽多，管理也很严格。纵是打碎了，原价赔偿，也得将那破损的尸骸附上，方予补发。我每天对着成堆的体温表处心积虑摩拳擦掌，就是无法搞到一支。

后来，我做了化验员，离温度表更遥远了。一天，部队军马所来求援，说军马们得了莫名其妙的怪症，他们的化验员恰好不在，希望人医们伸出友谊之手。老化验员对我说，你去吧！都是高原上的性命，不容易。人兽同理。

一匹砂红色的军马立在四根木桩内，马耳像竹笋般立着，双

用心触摸世界的温暖和美好

眼皮的大眼睛贮满泪水，好像随时会跌跪。我以为要从毛茸茸的马耳朵上抽血，战战兢兢不敢上前。

兽医们从马的静脉里抽出暗紫色的血。我认真检验，周到地写出报告。

我至今不知道那些马们得的是什么病，只知道我的化验结果起了至关重要的作用。

兽医们很感激，说要送我两筒水果罐头作为酬劳。在维生素匮乏的高原，这不啻一粒金瓜籽。我再三推辞，他们再四坚持。想起人兽同理，我说，那就送我一只体温表吧！

他们慨然允诺。

春草绿的塑料外壳，粗大若小手电。玻璃棒如同一根透明铅笔，所有的刻码都是洋红色的，极为清晰。

准吗？我问。毕竟这是兽用品。

很准。他们肯定地告诉我。

我珍爱地用手绢包起。本来想钉个小木匣，立时寄给妈妈。又恐关山重重雪路迢迢，在路上震断，毁了我的苦心。于是耐着性子等到了一个士兵的第一次休假。

妈妈，你看！我高擎着那支体温表，好像它是透明的火炬。

那一刻，我还了一个愿。它像一只苍鹰，在我心中盘桓了十几年。

妈妈仔细端详着体温表说，这上面的最高刻度可测到四十六摄氏度，要是人，恐怕早就不行了。

我说，只要准就行了呗！

妈妈说，有了它总比没有好。只是现在不很需要了，因为你们都已长大……

回家去问妈妈

　　那一年游敦煌回来，兴奋地同妈妈谈起戈壁的黄沙和祁连的雪峰，说到在丝绸之路上僻远的安西，哈密瓜汁甜得把嘴唇粘在一起……

　　安西——多么遥远的地方！我在那里体验到莫名其妙的感动。除了我，咱们家谁也没有到过那里！我得意地大声说着。

　　一直安静听我说话的妈妈，淡淡地插了一句，在你不到半岁的时候，我就怀抱着你，走过安西。

　　我大吃一惊，从未听妈妈谈过这段往事。

　　妈妈说你生在新疆，长在北京，难道你是飞来的不成？以前我一说起带你赶路的事情，你就嫌烦，说知道啦，别再啰唆。

　　我说，我以为你是坐火车来的，一件司空见惯的事情。

　　妈妈依旧淡淡地说，那时候哪有火车？从星星峡经柳园到兰州，我每天抱着你，天不亮就爬上装货卡车的大厢板，在戈壁滩上颠呀颠，半夜才到有人烟的地方。你脏得像个泥巴娃娃，几盆水也洗不出本色……

　　我静静地倾听妈妈的描述，才知道我在幼年时曾带给母亲那样的艰难，才知道发生在安西的感动源远流长。

我突然意识到，在我和最亲近的母亲之间，潜伏着无数盲点。

我们总觉得已经成人，母亲只是一间古老的旧房，她给我们的童年以遮蔽，但不会再提供新的风景。我们急切地投身外面的世界，寻找自我的价值，全神贯注地倾听上司的评论，字斟句酌地印证众人的口碑，反复咀嚼朋友随口吐露的一滴印象，甚至会为恋人一颦一笑的含义彻夜思索……我们极其在意世人对我们的看法，因为世界上最困难的事莫过于认识自己。

我们恰恰忘了，当我们环视整个世界的时候，有一双微微眯起的眼睛，始终在背后凝视着我们。

那是妈妈的眼睛啊！

我们幼年的顽皮，我们成长的艰辛，我们与生俱来的弱点，我们异于常人的禀赋……我们从小到大最详尽的档案，我们失败与成功每一次的记录，都贮存在母亲宁静的眼中。

她是世界上第一个认识我们的人。我们何时长第一颗牙？我们何时说第一句话？我们何时跌倒了不再哭泣？我们何时骄傲地昂起了头颅？往事像长久不曾加洗的旧底片，虽然暗淡却清晰地存放在母亲的脑海中，期待着我们将它放大。

所有的妈妈都那么乐意向我们提起我们儿时的事情，她们的眼睛在那一瞬露水般的年轻。我们是她们制造的精品，她们像手艺精湛的老艺人，不厌其烦地描绘打磨我们的每一个过程。

我们厌烦了。我们觉得幼年的自己是一件半成品，更愿以光润明亮、色彩鲜艳、包装精美的成年姿态，出现在众人面前。

于是，我们不客气地对妈妈说，老提那些过去的事，烦不烦呀？别说了，好不好？

从此，母亲就真的噤了声，不再提起往事。有时候，她会像抛上岸的鱼，突然张开嘴，急速地翕动着气流……她想起了什么，但她终于什么也没有说，干燥地合上了嘴唇。我们熟悉了她的这种姿势，以为是一种默契。

为什么怕听母亲讲过去的事情？是不愿承认我们曾经弱小？是不愿承载亲人过多的恩泽？我们在人海茫茫世事纷繁中无暇多想，总以为母亲会永远陪伴在身边，总以为将来会有某一天她将一切讲完。

在一个猝不及防的刹那，冰冷的铁门在我们身后戛然落下。温暖的目光折断了翅膀，掩埋在黑暗的那一边。

我们在悲痛中愕然回首，才发现自己远远没有长大。

我们像一本没有结尾的书，每一个符号都是母亲用血书写。我们还未曾读懂，著者已撒手离去。从此，我们面对书中的无数悬念和秘密，无以破译。

我们像一部手工制造的仪器，处处缠绕着历史的线路。母亲走了，那唯一的图纸丢了。从此，我们不得不在暗夜中孤独地拆卸自己，焦灼地摸索着组合我们性格的规律。

当我们快乐时，她比我们更欢喜；我们忧郁时，她比我们更苦闷。她头也不回地远去的时候，我们大梦初醒。

损失了的文物永不能复原，破坏了的古迹再不会重生。我们曾经满世界地寻找真诚，当我们明白最晶莹的真诚就在我们身后时，猛回头，它已永远熄灭。

我们流落世间，成为飘零的红叶。

趁老树虬髯的枝丫还郁郁葱葱时，让我们赶快跑回家，去问妈妈。

问她对你充满艰辛的养育，问她独自经受的苦难。问清你幼小时的模样，问清她对你所有的期冀……你安安静静地偎依在她的身旁，听她像一个有经验的老农，介绍风霜雨雪中每一穗玉米的收成。

一定要赶快啊！生命给我们的允诺并不慷慨，两代人命运的云梯衔接处，时间只是窄窄的台阶。从我们明白人生的韵律，距父母还能明晰地谈论以往，并肩而行的日子屈指可数。

给母亲一个机会，让她重温创造的喜悦。给自己一个机会，让我深刻洞察尘封的记忆。给众人一个机会，让他全面搜集关于一个人一个时代的故事。

在春风和煦或是大雪纷飞的日子，赶快跑回家，去问妈妈，让我们一齐走向从前，寻找属于我们的童话。

带白蘑菇
回家

妈妈爱吃蘑菇。

到青海出差，在幽蓝的天穹与黛绿的草原之间，见到点点闪烁的白星。

那不是星星，是草原上的白蘑菇。

路旁有三三两两的藏胞，坐在五颜六色的口袋中间，仰着褐色的面庞，向经过的汽车微笑。袋子口，颤巍巍地露出花蕾般的白蘑菇。

从鸟岛返回的途中，我买了一袋白蘑菇，预备两天后坐火车带回北京。

回到宾馆，铺下一张报纸，将蘑菇一柄柄小伞朝天，摆在地毯上，一如它们生长在草原时的模样。

宾馆服务员进来整理卫生，细细的眉头皱了起来。我忙说，我要把它们带回去送给妈妈。服务员就暖暖地笑了，说您必须把蘑菇翻个身，让菌根朝上，不然蘑菇会烂的。草原上的白蘑菇最难保存。

听了她的话，我让白蘑菇趴在地上，好像晒太阳的小胖孩儿，温润而圆滑地裸露在空气中。

上火车的日子到了。服务员帮我找来一只小纸箱，用剪刀戳了许多梅花形的小洞，把白蘑菇妥妥地安放进去。原先的报纸上印了一排排圆环，好像淡淡的墨色的图章。我吓了一跳，说，是不是白蘑菇腐坏了？她说，别怕，新鲜的白蘑菇的汁液就是黑的。

进了卧铺车厢，我小心翼翼地把纸箱塞在床下。对面一位青海大汉说，箱子上捅了这么多的洞，想必带的是活物了。小鸡？小鸭？怎么听不见叫？天气太热，可别憋死了。

我说，带的是草原上的白蘑菇，送给妈妈。

他轻轻地重复，哦，妈妈……好像这个词语对他已十分陌生。半晌后才接着说，只是你这样的带法，到不了兰州，蘑菇就得烂成污水。

我大惊失色说，那可怎么办？

他说，你在卧铺下面铺开几张纸，把蘑菇晾开，保持它的通风。

我依法处置，摆了一床底的蘑菇。每日数次拨弄，好像育秧的老农。蘑菇们平安地穿兰州，越宝鸡，抵西安，直逼郑州……不料中原一带，酷热无比，车厢内闷如桑拿浴池，令人窒息。青海汉子不放心地蹲下检查，突然叫道：快想办法！蘑菇表面已生出白膜，再捂下去，就不能吃了！

在蒸笼般的火车里，你还有什么办法可想？我束手无策。

大汉二话不说，把我的白蘑菇，重又装进浑身是洞的纸箱。我说，这不是更糟了？他并不解释，三下五除二，把卧铺小茶几上的水杯、食品拢成一堆，对周围的人说：烦请各位把自家的东西，拿到别处去放。腾出这个小桌，来放小箱子。箱子里装的是

用心触摸世界的温暖和美好

咱青海湖的白蘑菇，她要带回北京给妈妈。我们把窗户开大，让风不停地灌进箱子，蘑菇就坏不了啦。大家帮帮忙，我们都有妈妈。

人们无声地把面包、咸鸭蛋和可乐瓶子端开，为我腾出一方洁净的桌面。

风呼啸着。郑州的风，安阳的风，石家庄的风……鳞次栉比，穿箱而过。白蘑菇黑色的血液，渐渐被蒸发了，烘成干燥的标本。

青海大汉坐在窗口迎风的一面，疾风把他的头发卷得乱如蒿草。无数灰屑敷在他铁棠色的脸上，犹如漫天抛洒的芝麻。若不是为了这一箱蘑菇，玻璃窗原不必开得这样大。我几次歉意地说同他换换位子，他一摆手说，草原上的风比这还大。

终于，北京到了。我拎起蘑菇箱子同车友们告别，对大家说，我代表自己和妈妈谢谢你们！

大家说，你快回家去看妈妈吧。

由于路上蒸发了水分，白蘑菇比以前轻了许多。我走得很快，就要出站台的时候，青海汉子追上我，说：有一件很要紧的事，忘了同你交代——白蘑菇炖鸡最鲜。

妈妈喝着鸡汤说，青海的白蘑菇味道真好！

大段

▶ 我只想和你好

回答海浪

1994 年的盛夏，我和母亲漫步在北戴河的海滨，父亲逝去的悲哀缠绕着我们的心。面对苍茫的大海和翩飞的鸥鸟，我们什么都不说，但都感觉到悲怆的存在，一如海潮退后礁石的狞厉。

应出版社之邀，女作家们在商量"红罂粟"丛书的出版事宜。当我们开会的时候，母亲一个人到海边散步或是枯坐。我每天都把丛书的故事说给母亲听，我料想她不会感兴趣。但在这样一个安静的地方，可供谈话的资料很少，我只好不断地提到红罂粟。

突然有一天，母亲很严肃地对我说，你现在是不是还有东西可写？

我说，是啊，我有时觉得自己像一个火山湖，咕嘟咕嘟地冒着黏稠的气泡，许多念头在那里躁动不安。

母亲说，那好，你现在就写好了。她的表情很庄重，好像在批准一项重大工程。

母亲又说，假如你有一天不能写了，不要强拗着写下去，就回去当医生吧。我看过太多的不好看的作品，你最后千万可别走这一步，人家会骂你的。

母亲讲到这些话的时候，海水恰好卷起一个大浪，用泡沫在

用心触摸世界的温暖和美好

金色的海岸线上拍出一个雪白的符号，应和着母亲对我的训示。

我郑重地对母亲说，您的话我一定铭记在心。

许多人问我为什么写作，我总是说为了让我的父母欣喜。

我常常看到人们闻听之后的失望神色。是的，这真是一个太不响亮的写作理由，以致我在最初回答时羞于出口。

但对我来说，确实是这样。真实有时简陋得可怕。

我的父母希望我成为一个作家，一个好作家。作家这行业如今也像其他行业一样，有了好和坏的分野。在很久以前，作家似乎都是好的，比如人们说作家是人类灵魂的工程师时，并没有特意强调只有"好作家"才对得起这顶桂冠。现在连小孩子也知道，街上有些书是"坏人"写的。

做一个好的作家，就像做一个好的手艺人一样，挺难。

如今，在社会的环境、人生的机遇和个人的天赋种种限制之下，作家还要有面对诱惑与喧嚣的沉稳定力。

语言是一种比玉石还要坚硬、比煤渣还要普通、比豆腐还要软、比草莓还要新鲜的材料，要在这上面雕出图案来，非得屏气凝神惨淡经营，容不得些微游移。

每个人写作的原始动力是不一样的。不断地写作是旷日持久的马拉松，动力在奔跑中消耗，并无以补充。它甚至比体力的衰减更易于被作家本人察觉，引起无以逃遁的焦虑和恐惧。许多文学大师在人们还以为他宝刀不老的时候猝然辞世，我想这可能也是一个原因。大师们已经领悟，对于宇宙来说，个体的这一种形态到那一种形态的转变，实在是无足轻重的事情。既然在这个世界里无能为力，就到另一个世界里重打鼓另开张了。

有一个朋友对我说，你挺努力啊。

我说，在父母的教诲下，我从小习惯了做每一件事情都努力，我不知道不努力将是怎样。好比是扫地吧，已习惯于把地扫得干干净净。假如要不努力地扫地，就需在扫地的过程中不断地提醒自己说：遗下这个角落不要管它，对这张碎纸装看不见……一不留神失于告诫，自己又会把地扫得洁净无尘。

这真是不可改变的轨道。

我不会不努力，只有努力得不够或是不得法的时候。

但写作不是扫地，你可能尽了所有的努力仍写不出好作品。我现在还在努力的过程中，结果尚在未知。假如到了黔驴技穷的那一天，就听妈妈的话，干别的去。

脚下一排海浪席卷过来，在沙滩上拍打出另一个永不重复的符号时，我正告自己记住北戴河这个夏天，记住自己许下的这个决心。

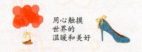
用心触摸
世界的
温暖和美好

女儿，你是在织布吗

正式写作十年以后，我完成了第一部长篇小说，名为《红处方》。

之前，我一直踌躇，要不要写长篇小说？它对人的精神和体力，都是一场马拉松。我年轻的时候受过苦，从此落下毛病，对所有长途跋涉，都要三思而后行。有几位我所尊敬的作家，写完长篇后撒手人寰，使我在敬佩的同时，惊悸不止。最后还是决定写，因为我心中的这个故事，激我向前。

对生活的感受，像一些彩色的布。每当我打开包袱皮，它们就跳到眼前。我慢慢地看着想着，估摸着自己的手艺，不敢贸然动笔。其中有一堆素色的棉花，沉实地裹成一团，我因为它的滞重而绕过，它又在暗夜的思索中，泾渭分明地浮现脑海。

它是我在戒毒医院的身感神受。也许不仅仅是那数月间的有限体验，也是我从医二十余年心灵感触的凝聚与扩散。我又查阅了许多资料，几乎将国内有关戒毒方面的图书读尽。

以一位前医生和一位现作家为职业的我，感到一种不可推卸的责任。

我是一个视责任为天职的人。

我决定写这部长篇小说。前期准备完成以后，接下来的具体问题就是在哪里写。古话说，大隐隐于市。我不是高人，没法去北京安下心来，便向领导告了假，回到母亲居住的地方。那是北方的一座小城，父亲安息在那片土地上，幽静的院落被深沉的绿色萦绕，人的心境一下浸入生命晚期的苍凉。

母亲想让我在一间大大的朝阳房屋里写作，那儿宽敞豁亮。我选定了父亲生前的卧室，推开门来，一种极端的整洁和肃穆凝结在每一立方厘米空气中。父亲巨大的遗像，关切地俯视着我。正是冬天，母亲说，这屋冷啊。我说，不怕。我希望自己在写作的全过程中，始终感到微微的寒意，它督我努力，促我警醒。

在大约三个月的时间里，我日出而作，日落而息，像工厂的工人一般准时，每天以大约五千字的匀速推进着。有时候，我很想写得更多一些，汹涌的思绪，仿佛要代替我的手指敲击计算机键盘，欲罢不能。但我克制住激情，强行中止写作，去和妈妈聊天。这不但是写作控制力的需要，更因为我既为人子，居在家中，和母亲的交流就是非常重要的事情。母亲从不问我写的是什么，只是偶尔推开房门，不发出任何声响地静静看着我，许久许久。我知道这种探望对她是何种重要，就隐忍了很长时间，但终有一天耐不住了，对她说，妈，您不能时不时地这样瞧着我。您对我太重要了。您一推门，我的心思就立刻集中到您身上，事实上停止了写作。我没法锻炼出对您的出现置若罔闻的能力……

从此母亲不再看我，只是与我约定了每日三餐的时间，到了吃饭的钟点，要我自动走出那间紧闭的屋子，坐到饭厅。偶尔我会沉浸在写作的惯性中，忘了时辰，母亲会极轻地敲敲门。我恍然大悟地跑出去，母亲守在餐桌旁，菜已凉，粥已冷，馒头不再冒气，面条凝成一坨……

打印出的稿纸越积越厚了，母亲有一次对我说，女儿，你是在织布吗？

我说，布是怎样织出来的，我没见过啊。

母亲说，要想织出上等的好布来，织布的女人就得钻到一间像地窖样的房子里，每日早早进屋，晚晚出来，别人不能打搅，她也不跟别人说话。

我说，布难道也像冬储大白菜似的，需遮风避雨不见光吗？

母亲说，地窖里土气潮湿，布丝不易断，织出的布才平整。人心绪不一样，手下的劲道也是不同的。气力有大小，布的松紧也就不相同。人若是能心静如水，胸口里的那股气饱满均匀，绵绵长长地吐出来，织的布才会绸子一般光滑。

母亲的话里有许多深刻的道理，可惜我听到它的时候，生平的第一匹长布已是疙疙瘩瘩快要织完了。

好在我以后还会不断地织下去，穷毕生精力，争取织出一幅好布。

附在耳边，轻轻地说……

人的情感也像路一样，有时平坦笔直，有时凹凸扭曲。但人生在旅途无尽的颠簸之中，还是缓缓向前，友善与真诚是雾海中孤独不灭的灯。

午夜的声音

　　把朋友们的姓名写在一张纸上，呵，好长！细一检点，几乎全是女性。

　　交女友比交男友随意与安宁。男友跟你谈的多是国家、命运和历史，沉重而悠长。

　　于是，便累。

　　还有那条看不见的战线，总在心的角落时松时紧，好像在弹一首喑哑的歌。先是要提醒对方，后是要提醒自己：不要在懵懵懂懂之中误越了界限。总有那种邻近模糊的时刻，于是便要在心中与他挥泪而别。

　　与女友相处，真是轻松得多，惬意得多。与女友聊天，像是在温暖清澈的水中游了一次泳，清爽润滑，百骸俱松。灵魂仿佛被丝绸擦拭一新，又可以闪闪发光地面对生活了。

　　可惜世界太大，女友们要聚到一起太不容易。你有空时她没空，她得闲时你无闲。还有先生的事孩子的事，像杂乱的水草缠住脚踝。大家相逢在一处，像九星连珠似的，时间要算计了又算计。

　　于是女人们发明了电话聊天。忧郁的时候，寂寞的时候，悲

哀的时候，烦躁的时候……电话像七仙女求救时的难香，点燃起来。七八个数码拨完，女友的声音就像施了魔法的精灵，飘然来到。

一位女友正在离婚，她在电话的那一方向我陈述，好像一只哀伤的蜜蜂。我静静地倾听，犹如一个专心的小学生，虽然时间对我来说极其宝贵，虽然我只听开头就猜出结尾，虽然夜已深沉，虽然心中焦虑。我依旧全神贯注地倾听，在她片刻停顿时，穿插进亲昵的"嗯"或"呵"……我很希望自己能创造出杰出的话语，像神奇的止血粉，洒布在朋友滴血的创口，那伤处便像马缨花的叶子一般静谧闭合……但我知道我不能。我能送给朋友的就是静静地倾听，所有的语言都苍白无力，沉默本身就是理解和友谊。

有时铃声会在夜半突然响起，潜入我的梦中。夫比我灵醒，总是他先抓起电话，然后对我说，你的那群"狐朋狗友"又来啦！

"你是毕淑敏吗？有件事情我想求你……"声音大得震耳欲聋，使我疑心她就在楼下的公用电话亭。

其实她在城市的另一隅，女大当婚，却至今单身。她总是像潜艇一样突然浮出海面，之后又长时间地不知踪影。然而我知道她在人群中潇洒地活着，当她需要朋友的时候，就会不择时机地叩响我的耳鼓。

有什么事你尽管说……我一边披衣一边用眼光搜索鞋子，好像准备去救火。

别那么紧张，她轻快地笑了，我只是想求你帮我写几个信封……她说着，详详细细清清晰晰交代我一个男人的地址和

天使与女王

姓名。

因为这样一件事，就值得把我从温暖的被窝里薅出来吗？我睡眼惺忪地问。

这就是我的那个他呀！我每天要给他写一封信，传达室的老头都认识我的字迹啦！我想换种笔体，这样他取信时就不会难为情啦！

噢，我的女友！我对着黑漆漆的玻璃窗做了一个鬼脸：为了她的男友，她可不怕叨扰自己的女友！

我也会在某个刹那下意识地抚摸电话键，好像扪及一串润滑的珍珠。你好，我对一位女友说。你好，她说，有什么事吗？她清清凌凌地问，一点儿不惊讶，好像预知我在这个时刻会找她。没什么事，只是，想找人说说话……你们那里下雨了吗？我沉吟着，继续组织着自己语言的阶梯。下了，雨不小也不大，她平静地回答。我很想到雨里去行走，很喜欢在坏天气的时候，到湖里去划船……我突然很急切地对她说。唔，你此时心情不好，她说，我们每个人都有这种时候，忍一忍就会过去。不要紧，做饭去吧，择菜去吧，看一本喜爱的书……要不然就真到风雨中去走走吧，不过，可要穿起风衣，撑起雨伞，最起码也需戴上斗笠……我的心在这柔柔的劝慰之下，终于像黄昏的鸽群，盘旋之后，悄然落下。

每一位女友，都是一帧清丽的画。每一次谈话，都是一盏温馨的茶。我们互相凝眸，我们互相温暖，岁月便在女人们的谈话中慢慢向前推进。

陌生人的错误

电话铃急遽响起，像一个突然惊醒的婴儿，呼唤你去照应。

正在洗衣，便要甩净手上如云的泡沫；正在烹作，便要熄灭缭绕青烟的油锅；正在行文，便要闸住笔下流淌的文思，正在酣眠，便像听到紧急集合号似的一跃而起……

你以为会听到亲朋好友款款的话语，你以为会知悉一条密切相关的信息……迫不及待地抓起话筒，却传来一个陌生人的声音。

陌生也很好。许多秘密都是陌生人带来，许多故事都从陌生人开始。

陌生人兀自急切地讲着话，呼唤着一个你从未听到过的姓名……

这是一通打错了的电话。好沮丧，好恼火，在那一瞬间。

又是一位不速之客，自从家中安了电话，每天都会登门拜访。现代高科技在为我们提供便利的同时，也将素不相识的陌生人，带进我们的生活。那根悠长的金属丝，不分青红皂白，将双方短暂而紧密地联系在一起。

陌生人的粗心和随意，使这边的人有了处罚他的权利。我不止一次在外面听到怒气冲冲地嚷道："错啦错啦！你还问我是哪儿？我是警察局，我是火葬场……"

这是现代都市人的诅咒。科学隐去了人们的身影，只剩下彼此的声音在空中碰撞。我吃惊地看到有些平素很懦弱的人，变得伶俐而骁勇，因为他们知道对方永远不会知道是谁在向他怒发冲冠……

我不能这样做！压抑住焦虑和失望，我静静地倾听陌生人讲话。贸然打断他人的话，是一种不礼貌的行为，即使他在无意中打扰了你，我们也该保持这份尊重。

在他语流第一次停顿的时候，我不失时机地插进去告知："您打错了电话。"

"这怎么可能呢？"对方常常坚决而果断地否认，在粗心之后又犯下固执的毛病。

"那么，请告诉我您打的电话号码是多少？"我沉静地询问。

假如他是把"1"错成"2"，多半是用的老式拨盘话机，数码由于无数次手指的摩挲，已模糊不清。倘若把"1"错成"4"，大约操纵着一台键盘话机，由于手指的过度轻盈和眼波的流溢散漫，才会导致错行的发生……

我心平气和地告知他在哪一位数字上疏忽了，听筒里突然出现一片长久的静寂，以至我怀疑自己是否面对旷野。

那个粗心而固执的人终于开口了。在仔细验证了我的判断后，他说："谢谢你！"

电话"咔"地挂断了，清脆得像折断一挂冬天的冰凌。茫茫人海中，我知道我们永远不会相逢。

每天都要接到打错的电话，每天都要与陌生人交谈，相识于错误里，分手在友谊中。

用心触摸
世界的
温暖和美好

女孩，请与我同行

那天，说好晚上九点钟到广播电台，直播一个呼唤真情的节目。都怪我临走时又刷了刷碗，出门比预定时间晚了五分钟。大城市里似乎活动着一条诡谲的规律，假如你晚了半步，就像跌入了黑暗的潜流，步步晚下去，所有的事物都开始和你作对。

我家门口是交通要道，平日打的易如反掌，但此刻仿佛全北京的人都拥挤在出租汽车上，奔驰而来的汽车没有一辆亮出"空驶"的红灯。时间在焦急的等待中转瞬即过，我急得头上热气腾腾。

顾不得往日的矜持，我跳到马路中央拦车，可惜每一辆迎面驶来的出租汽车，窗玻璃上都黑压压地涂满了人，任凭我将手臂摇得像风雨中的旗杆，车群还是拐着弯呼啸而过。

我想也许我站的地方不理想，就向路口逼近，最后简直戳到红绿灯底下。

现在，是最后的时限了。假如我再搭不上车，直播室里将留下一幅焦灼的空白。我无法设想那边即将到来的慌乱情景，只是疯狂地向每一辆的士招手。

突然，一辆红色的出租车从天而降，稳稳地停在了我的身旁。

司机是一个快活的小伙子，他敞着一口白牙微笑着问我，您到哪里去？

我伸手拉开车门，上了车报出地名。猛然一个尖锐的女声撕破我们的耳鼓："你怎么问她不问我？是我先看到你的，是我先挥手的。这是我拦的车，该我上的……"

我们都愣了，看着这从一旁杀出的女孩。她穿着一身银粉色的连衣裙，夜风吹起裙裾，像套着一柄漂亮而精巧的遮阳伞。

略一思索，就明白了眼前的事态。女孩刚来到人行道上挥手拦车，车就停了，她以为这是她的功劳。

来不及同她做太多的解释，甚至不想分辨究竟是谁先举起的手。我只是想，既然我们在同一方向拦车，大目标就是一致的。于是问她："小姐，您到哪里？"

她不屑于理我，对着司机报出了她的目的地。司机轻松地说："我正不知道怎么回答您呢，这下好了，你俩顺路，您先到，那位女士后到，谁也不耽误……"

我敞着车门对她说："小姐，谁拦的车已经无所谓了，要紧的是我们赶快上路。对不起，我确有急事，来不及再拦别的车了。既然我的路远，车费就由我来付，小姐，快上车吧，请与我同行。"

美丽的小姐掏出高雅的钱夹，也是娇艳的粉红色，对司机说："钱，我有的是。我从不习惯同别人坐同一辆出租，你请她下去，我多付你钱。"

我突然感到异乎寻常的寒冷，在这春意荡漾的夜晚。

那一瞬，我漠然向隔缄口无言。要是司机撵我下车，我只有乖乖地下去。就是过后义愤填膺地举报车号，司机也完全可以不认账，说他是先看到粉红色小姐后看到的我，这便是死无对证的事。况且按照我待人处物息事宁人的习惯，也绝不会打上门去告谁。

在那个片段，甚至连广播电台的直播都茫然地离我远去。在人与人之间如此隔膜的今日，温情的呼吁是多么苍白微弱。

我抱着肘，怕冷似的等待着，等待一个陌生人的裁决。

司机对小姐说："我当然愿意多挣点钱啦，您忙吗？"

小姐嫣然一笑说："我不忙，就是晚饭后遛遛弯。"她很自信地看着司机，对自己的魅力毫不怀疑。

我已经做好了下车的准备，听见司机对小姐说："既然您不忙，我就先送这位女士了，您再打别的车好吗？"

说着，他发动了引擎，像一颗红色的保龄球，沿着笔直的长安街驶去。

女孩粉红色的身影，像一瓣飘落的樱花，渐渐淡薄。

我很想同司机说点什么，可是说什么呢？感谢的话吗？颂扬的话吗？在这车水马龙的都市里，似乎都被霓虹灯的闪烁淹没。

"像这样的事多吗？"我终于说。

"什么事？"他盘旋着方向盘，目视前方。

"就是同一方向行驶的乘客，却不愿搭乘。"

"多，挺多。其实同方向搭乘，既省了钱，又省了油，还省了时间，不消说还减轻了城市的交通污染，可有许多人就是不愿搭乘。不过一般人不愿合着坐，不坐就是了，像今天这位小姐，公然用钱来逞强的人，也不多。"司机一边说着，一边灵巧地避让

用心触摸
世界的
温暖和美好

我们谈谈

着车流。

我轻轻地叹了一口气，问他也是问自己："人哪，为什么要这样喜好孤独？"

正巧前面是一盏红灯，司机拨弄着一个用作装饰的金"福"字，平静地说："因为他们有时间，因为他们有钱。"

绿灯像猫头鹰的眼一般亮了。他一踩油门，车又箭矢般前进。一路上，我们再无交谈。

到达北京人民广播电台，离预定的直播时间还有五分钟。

我急急把一张整币递给他，甩了车门就往楼里跑，那一道道进直播间的手续颇为费时。

司机在后面喊："还没找您钱呢！"

我头也不回地说："不用找了。别在意，那不是奖你的，是我没时间了。如果你不忙，待会儿请打开收音机，会听到我在节目里说起你……"

我不知道司机是不是听到了我的话，更不知道那朵粉红色的樱花，在坐着另一辆出租汽车兜风的时候，听到了我的呼唤没有。

我在说——女孩，请与我同行。

长街畔的青杨

晚饭后沿长安街散步，如同走在金色的江畔。无数汽车喘着热气，好似疲惫奔袭的恐龙。到林荫道上，清凉些。先生说。

于是第一次看到了那棵树。准确地讲，是那片青杨中的一棵，靠近路边怯怯地站着。

它的岁数不算幼小，但比伙伴矮得多，仿佛家境贫寒的失学少年，怯怯张望着高大的同学。趣青的树皮显出病弱的霜白，叶子耷拉着，如同稻草人手中的碎布条。夜风掠过，残缺的树冠发出声响，好似骨折病人忧郁无奈的叹息。

它为何如此羸弱？

疑问坠得脚步涩了。均等的地皮和水分，不该差得这般悬殊。就算苗圃培育的先天有所不同，移栽街旁时，挑的植株也必大小相仿，怎么几年时间，竟形同隔世了呢？

观察之后，我想——有的时候，命运其实就是一种位置。同宗的幼苗，藏入深山，可望成为千年树精，一世葱茏。落在市井，便被废气熏着，刀剪修着，药水泼着，霓虹灯耀着……遭遇要比山间野树复杂得多了。

然而这似乎也不是最终的答案。要说命运多蹇，怎么别个青杨将就得过，独独这一棵，萎靡到如此凄凉呢？

琢磨再三，终于得了结论。那树在一人多高的位置，横空翘出一道水平杈，拳头粗细，孤零零地探着，竟是天造地设的一副单杠。其下青砖铺路，不涩不滑，任凭虎步龙腾。过往行人，突然觑到这天然的运动场，便被诱惑，猛跑几步，"蹭"地一蹿，攀着枝杈荡上去。久不锻炼的硬躯，如冬瓜般浊重，摆了几摆，便夯砸下来，只留树影在苍茫夜空呻吟。

青杨全身哆嗦着，久久无法在摇撼下平息。叶片好似千百面残破的铜镲，紊乱地交错扑打，仿佛垂死之人窒息前的剧咳。树干猛烈地痉挛，每一条根须都被摇离热土，水脉从底层折断……

我对先生说，不散步了，守在这棵青杨下，劝人们不再用它练功。

先生与我默坐一旁，陪伴青杨。初起见了一些成效，四目炯炯，好面子的城市人，无意在陌生人面前展示业余的上杠姿势，略显遗憾地匆匆掠过。也有一些愚昧的男人，顽固地表演着拙劣的体操。

多是乡下来的民工和退休的老翁。对于前者，我高唤一句：哦！请不要这样，树会死的！年轻人就恍然大悟的样子，狼狈退去了。但京城里久经风霜的老汉很难缠，对抗议置若罔闻，翻着染有白翳的眼珠蔑视地斜你，好像在说，怎么了？老爷子就是摇晃树了，你管得着吗？！

我充满三倍的恼怒。热爱生命固然不错，但不应仅仅局限自身，也需关爱万物。蠢笨的一跃，能否延长寿数尚在未知，却已着实妨害了别的生灵。风烛残年尚知珍惜，为何不肯体恤年轻

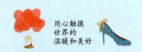
用心触摸
世界的
温暖和美好

的树？！

然而，无奈。先生劝，尽自己的力就是了，况且纵是每晚守候，还有漫长的白天无法看顾，终不能二十四小时连续值班吧？

要想一个长治久安的办法。于是在家中把刀磨得寒光迸射。先生问，不会在策划一件谋杀案吧？

我答，你猜得不错。

先生惊，目标何在？

我说，长街畔那棵青杨。

先生正色道，砍树犯法。

我说，只是断掉那树的臂膀。丢卒保车，让企图翻杠的人无所依托，青杨才有一线生机。

先生建议，利斧比钢刀好。

我说，朗朗乾坤，拎一把阔斧街上行走，太招人耳目，还是袖里藏刀来得简便。

先生道，树杈高过头顶，你如何砍得到呢？

我比画着说，助跑几步，凌空一跃，大功便可告成。

先生边躲闪边冷笑，你是谁？烧火的杨排风或是侠女十三妹吗？留神自己先伤了脖子崴了脚。

我愤愤道，莫当观潮派，多提建设性意见。

先生谋算说，需带一张便携式折叠凳，择一个晦暗的子夜，若天降大雾就更理想了。你瞭望，我动手，包管手到擒来、神鬼不知。

于是夫妻磨刀霍霍，焦急地等待月黑风高的日子。每逢路过孱弱青杨的时候，都对它轻声说，再坚持几天啊，就要为你刮骨疗毒了。

谁知我突然病了，辗转医院。数月后复出，迫近青杨时，几乎不敢偏头。遗它在水深火热中煎熬，恐已近柴薪。

想不到，青杨依旧屹立长街畔，竟比以前挺拔简秀多了，沁出蓬勃生气。细细察看，那只肇祸的长臂已被人用锯齐根断去，碴口森然，看得出是行家从容所为。青杨像"因公致残"的青年，早从伤痛中振作，尽管身影还有些仄斜，头颅已然高昂起来了。

我惊叹，谁干的呢？好手艺啊。

先生说，这世上，爱护这棵树的绝不仅仅只有我们。

博士课堂的
礼物

　　当年，我在北京师范大学学习心理学方面的博士课程。老师是香港的教授，同学中有多位国内赫赫有名的心理学家，每日上课，颇多收益。除了学习到国际上最前沿的心理学知识以外，因为常有人出国或是到外地讲学，回来时总为大家带来诸多礼物，早上到校时，便有出人意料的惊喜。

　　比如有人捧出日本产的以鲜贝为原料的糖果，大嚼之后，教室内的空气如同海滨浴场。有人从台湾阿里山带回糯米火腿夹心的小团子，大伙说和咱们的肉粽子相比也没见好到哪里。还有水灵灵带着叶子的广东"妃子笑"、"糯米糍"荔枝，正宗美国迪士尼乐园买来的米老鼠巧克力……总之，或许那物件说不上名贵，但都远道而来，有一番出处和讲究的。

　　我带过两宗礼物。一次是从新疆回来，背了半面口袋的杏包仁，晶莹剔透宛若内含白玉的琥珀，吃一口甜酸倒牙。还有一回是接到朋友自江西寄来的茶叶——浮梁崖玉。按说江西有名的茶是"婺绿"和"庐山云雾"，当年我第一次见到"崖玉"时，可能脸上的神色不够虔诚，那朋友不悦道，会背唐朝白居易的《琵琶行》吗？

我说，不敢说一字不差，大体上差不多吧。

朋友道，那我考考你。诗中那位"老大嫁作商人妇"的京都女子的丈夫，到哪儿去了？

我一时发懵，想不出这样一位从未正面露过脸的人物，究竟干吗去了？

朋友看我为难，启发道——就是"商人重利轻别离……"的下一句。

我苦笑道，完了，我老年性痴呆了，想不起来了，烦你直接端出谜底吧。

朋友说，那句是——"前月浮梁买茶去"。商人抛却了多情多艺的琵琶女，就是为了抢着去买这浮梁茶叶。自古以来，本茶出产甚少，每年只有百斤，可见这茶是何等的名贵！

那年接到邮寄来的茶叶，我带去了教室。从此喝茶的时候，大家就戏说有"大珠小珠落玉盘"的声音响起。

一天，我第三次带礼物到教室。同学们看我拿出一个鼓鼓囊囊的口袋，好奇地说，今天我们又能吃到什么好东西了？

我说，好吃是好吃，但是此刻不能吃。

有同学不服气道，我就不信，能吃的东西为什么不能现在吃？

我笑而不答，在同学们的众目睽睽中，从牛皮纸袋里缓缓掏出了我的礼物。

它们是大蒜头，枚枚外衣雪白，形态紧凑致密，硕大如儿拳，辛香之气弥散空中。

众哗然，说，毕淑敏，你是否家在农村有往来密切的亲戚，

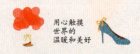

用心触摸
世界的
温暖和美好

不然，哪里来这样新鲜上等的好蒜？

我说，多年前，我在西藏阿里军分区当兵，战友很多来自河南的中牟县。那里是潘安故里，也是盛产大蒜的基地。这蒜就是我的战友的朋友到北京来开会所赠，今日带来，一是让大家长长见识，得知世间有如此的好蒜。二是有一种怀旧和温暖的感觉，也请大家一道分享。

同学们将大蒜头珍惜地收藏起来。那位原来准备当场一品为快的同学说，今天回家，要让夫人包三鲜馅的饺子，才不辜负这样的好蒜啊。

偷一颗
圣诞水晶球

　　总觉得人若喜欢某件东西，直到犯了"偷"的心，那才叫真喜欢。

　　那是南方的一座半岛，半岛上有一家小镇，小镇里有所玩具厂，我们被邀去参观。

　　生平第一次见到那么多玩具，心里的快乐无以言说。才知道人无论老幼，潜意识里都热爱玩具，喜欢那份无忧无虑的想象和细致精巧的智慧。

　　在院的角落里，有一堆假山似的箱子。一个工人坐在那儿，把箱子打开，掏出一团白色绵纸包裹的物体，用手指三下五除二扒开绵纸，像我们通常剥开雪花梨的包装，一颗晶莹的水晶球就暴露在光天化日之下了。

　　它叫水晶球，其实并不是水晶制作的。在塑胶制的外壳里注满清彻透亮的液体，水里包含着形状各异的小房子、小动物、小人和小花朵……不论景色多么变幻，万变不离其宗的是液体里都飘荡着莹白色的羽毛状颗粒。当你轻轻晃动水晶球的时候，那絮状的飞花便会缓缓腾起，又轻轻落下，好像一场瑞雪悄然降临……

这就是风靡世界的圣诞水晶球。须发皆像奶油一样柔软的圣诞老爷爷，扛着红艳艳引人无数贪婪遐想的礼品大包袱，正准备从白雪皑皑的屋顶烟囱钻进你家……每颗水晶球都像后羿射下的太阳，闪着清凌的光。那球里充盈的液体真叫怪，填进去后透明度比什么都没有的空间还要明澈，仿佛是一种奇妙的油。

那人把水晶球放在地上，随手从身边拈起一柄小锤，砰地击去。水晶球像鞭炮似的炸裂了，一片片龟壳似的散落地面，澄清的液体散发出怪异的苦香。

我惊诧之极，大声问：为什么？

因为它们是废品。工人平平静静地回答。

废在哪里？我大惑不解。多么精妙的水晶球啊！

喏，这里，对着光，你仔细看。他耐心指点我。

我眯起眼睛，犹如老婆婆纫针，把一颗水晶球摆远又移近，总算寻出一丝瑕疵——仿佛水晶球皮没干透的时候，被小女孩用细细的指甲擦了一下。

就这一点点吗？我问。

这就很严重啦！你还要多少哇！工人说着，把锤子举起砸下，又一个水晶球应声破裂，又一阵苦寒的香气飘逸，犹如一种珍奇的熟果子掉在地上跌碎了。

这味道是球里的防腐剂发出的。有毒，你避远点。工人说。

这么麻烦的事！你何必非要把好好的水晶球毁掉呢？眼睛近视的人根本看不出。况且，你们可以便宜点，处理品总会有人要的。我设身处地为工厂着想。

那怎么行！不合格的水晶球会毁了厂子的声誉。这批水晶球必须全部砸掉，一个也不许流失出去的。他严肃地说。

我蹲在一旁帮他给水晶球剥纸。一个个圆润晶莹美丽的水晶球，被我的手传送出去后，瞬间劈成废墟：小房子塌了，老爷爷腰斩，新靴子掉了底，烟囱露出了白茬儿……

厂里的圣诞水晶球是全部出口欧美的，一个都不内销。老板已破例送我们每人一个，华贵精巧。

我很想要一个有瑕疵的水晶球，为了这瑕疵。我对工人说。

他看看我，被我对废品的真情所打动。皱着淡淡的眉毛说，你看，我可没办法给你。这都是废品，让废品出厂我要受罚的。

那怎么办呢？我失望地准备离开。

还有一个办法。他朝我眨眨眼睛。

什么办法？我着实思谋不出。

你可以偷。他宁静地指点我。

偷？我一辈子没有对自己使用过这个词，差点咬了舌头。

是啊，偷。我不看你，你愿意拿多少就拿多少，只是千万不要拿去送人。好了，现在我把头转过去，你可以开始了。他微笑着放下锤子，给了我一个后背。

在蔚蓝的天空和温馨的海风中，我细细挑选了一个圣诞水晶球。在它漫天的雪花中，有一片飞絮是浅蓝色的。

我走了。我对他说。

他背对着我，点了点头。

我想对他说谢谢，可我终于什么也没有说。他既然什么都不知道，一定也不愿收下我的谢意。

这个水晶球，只能留给你自己看。他背对着我，再三叮咛。

用心触摸
世界的
温暖和美好

女王的水晶球

哎！我郑郑重重地回答他。

现在，我有两枚晶莹剔透的水晶球。

你有两个，送我一个好吗？极要好的朋友说。

我把老板送我的那枚正品圣诞水晶球送给她。

如今，只有我偷来的飘蓝雪花的圣诞水晶球陪伴着我。每当写作倦累的时候，就仿佛闻到它渗出奇异的苦香。

废品是不可以示人的。

博士的秘密

　　走进一座乳白色的科学实验楼，同几位正在探索生命基因工程的科学家攀谈。他们是那样的年轻，假若不是屋里的空气弥漫着淡淡的化学试剂味道，我几乎把他们当作街头潇洒走过的大男孩。

　　博士们讲述正在进行着的一项重大研究，我除了静静倾听，插不上一句话，甚至连问题也提不出来。提问也是一种智慧呢，在这肃穆的科学殿堂里，我等只有接受扫盲的份儿。突然，我眼前一亮，终于找到了可以插嘴的话题——在实验室的门后，堆积着一大摞方便面箱子，辣酱面、牛肉面品牌繁多。

　　你们经常吃方便面吗？我问。

　　是。博士以科学家的简练回答我。

　　这么一大堆箱子，要吃好长时间吧？

　　不，做实验经常误饭，加班多，大家都吃方便面，很快就吃完了。

　　这么多牌子，还挺丰富啊。

　　大家口味不一，再说老吃一种品牌，也容易腻。所以各样都买来一些，吃的时候可以换着样拿。

啊，是买的呀？我还以为是发的呢。大家加班那么辛苦，还不算作福利，由公家付钱算了！我说。

博士笑了一下，没有说话。可能是严谨的科学家素质，不习惯这种调侃。停了一会儿，他补充说，都是我们大伙凑钱买的，因为批发价比较便宜。

我穷追不舍地问，既然是大伙随便拿，面钱怎么算呢？

博士从排满玻璃瓶的试剂架子上，取下一只旧奶粉罐。盒盖上切开了一道长方形小槽，可以把硬币和纸币塞进去。我端起来摇了摇，罐子里基本满了。

大伙谁吃一包面，就在罐子里投进一份儿钱。箱子里的面吃完了，我们就把罐里的钱掏出来，自己再去买。博士说。

噢，这就相当于无人售票汽车，不设找赎。我恍然大悟。

但是，会不会少了钱呢？我以小人之心问。

会的。博士很肯定地回答。有的人工作很忙，走过去从箱里掏出一包方便面，用开水一沏就吃，然后继续做实验，完全忘了交钱的事。博士解释说。

那怎么办呢？我问。

清理钱的时候，一发现少了，我就自己把缺的部分垫上。博士轻轻地说。临出门的时候，博士很神秘地对我说：我告诉您一个秘密。

我屏神静气地听，看到年轻的博士微笑着露出雪白的牙齿。

我吃过市面上流行的各种方便面，以美厨黑胡椒牛肉面为最好吃。

乡下的妹妹

记得那是"浩劫"刚起的日子，乡下的一位远亲给我家来信，说他的妻子产后得了重病，无钱医治，希望我父母能给予接济。信的末尾写了一句，说那新生的女儿长得很像我。以后，他们不时地写信来要钱，有时是缺粮，有时是缺衣。对于这些要求，父母多半满足，但也有不给的时候，说穷亲戚是无底洞，填不满的坑。

后来我当了兵，第一次领到可供我自由支配的津贴费，不由得想起在遥远的乡下那个很像我的小女孩，给她家寄了五元钱，要她父母给照张相，看看她究竟是什么样子。

当我几乎将这事忘记了的时候，才收到一张一寸大小模糊不清的照片。上面的小姑娘面黄肌瘦，根本就不像我。她父母说钱被挪去买粮度荒，这是攒了几个鸡蛋卖些钱，才照下的相片。

随着岁月的流逝，这个未曾谋过面又绝不像我的乡下妹妹，便从记忆的磁带上抹掉了。

几年后，我家来了一位风姿绰约的女孩。时兴的黑色健美裤，茜红的羽绒衣，乳白色马海毛线帽和垂到腰际的长围巾，正是那一年冬季北京最俏的女孩子的装束。

用心触摸
世界的
温暖和美好

"你找谁呀？"我问。我的朋友里还真没这么新潮的。

"就找你呀！姐姐！"她亲热地拉住我的手。

我们对面坐下，细细地拉起家常。她拿出那张小相片感谢我，说村里像她这么大的姑娘小伙子，在那个年代，没有一个人曾留下相片的。

"哎呀，怎么忘了，我是第一次出远门，怕想家，还带着相片。"她拿出一摞彩色相片。于是，我第一次看到了故乡那块富饶又曾一度贫瘠的土地，看到了我未曾亲近过的乡下亲戚，看到了他们新盖的房屋、新打制的家具，看到了丰收的庄稼……

相片的摄影技术并不高明，用的却是正宗的柯达相纸。亲戚们穿着崭新的衣服笑容也很拘谨，但看得出是发自内心。

乡下的妹妹最后告诉我，她进了一家乡镇企业，这次是到北京衬衫总厂学习高级衬衫的制作，回去以后还要带徒弟呢！

"等我学会了，亲手做一件丝绸衬衣送给你，我们厂的产品是出口的。"她快活地笑着，露出乡下姑娘特有的淳朴与真诚。

"这是你妹妹吧？你们姐俩长得可真像。"看过相片的人都这样说。

花　圈

　　多年前，我在藏北高原当兵。高寒、缺氧、病痛……一把把利刃悬挂在半空，时不时地抚摸一下我们年轻的头颅。一般是用冷飕飕的刀背，偶尔也试试刀锋。

　　于是就常有生命骤然折断，滚烫的血沁入冰雪，高原的温度因此有微弱的升高。

　　凡有部队的地方就有陵园。每逢清明和突然牺牲将士的时候，我们就要赶制花圈。因为我们是女兵，花圈就要扎得格外美丽。当我们最初扎花圈的时候，觉得像做手工一样有趣。

　　做花圈先要有架子。若在平原，竹子、藤条、木棍……都是上好的材料。但对于高原，这些平常物都是奢侈。男兵用钢筋焊出一人多高的巨环，中间用钢丝攀出蛛网似的细格。花圈的骨骼就挺立起来。

　　我们在乒乓球案子上做花，五颜六色的花纸堆积如山，刚开始的时候，似乎有些节日的气氛。女孩们分成几组，有的把纸裁成大小不等的方块，有的剪出形状各异的花瓣，有的用糨糊粘绿叶……有条不紊，各显神通。

　　忙了一阵子之后，所需的花朵基本上备齐了。屋里花红柳绿的，对我们习惯了莹白冰雪颜色的眼睛来说，真是享受。

该往黝黑的钢环上绑花了，一圈红的，一圈蓝的……白花最多，像高原上万古不化的寒冰。

花圈渐渐成形，女孩子们的嬉笑声渐渐沉寂。一朵朵的花是艳丽的，一圈圈的花就有了某种庄严。当一个个硕大的花环肃穆而凝重地矗立在我们面前时，一种被悲哀压榨的痛苦，像鸟一样降临在我们心头。

这是献给一个或是一组年轻生命的祭品。

每次做花圈，都要整整干上一天。先给司令部做，再给政治部做，然后还有后勤部……人们认为女孩天生与花有缘，殊不知这凄冷的花卉，令人黯然神伤。

有一天下午，我们为一位牺牲在边境线上的战友赶制花圈。因为第二天就要下葬，一直干到夜里三点。倦意袭来，绑花时钢丝不停地扎手，有鲜血像红豆似的渗出。马上就要完工时，桌上的电话铃猛然响了。我揉着眼睛问，什么事啊？

对方低沉着嗓音说，刚才夜间紧急集合时，一个战士翻身跃起，突然倒在地上死去了，请你们再赶制一副花圈。

那一瞬，我痛彻骨髓。那个不认识的男孩啊，当我们开始制那副花圈的时候，你还活着，当我们制完那副花圈的时候，就要为你制花圈了。

那一夜，女兵们彻夜无眠。当雪山上的朝阳莅临军营，大卡车把我们的产品运至墓地。

摄影干事们很忙，他们用最好的角度把墓前的花圈照下来，寄往内地的某处小村。那些牺牲了的士兵的父母，永远无法到达高原。他们会在无数个月夜，看着相片上的一丘黄土和伟岸辉煌的花圈，潸然泪下。

有　爱　的　日　子

有爱的日子，也许我们很穷，但每一分钱都能带给我们双倍的快乐。也许我们的身体坏了，每况愈下，但我们牵着相爱的人的手慢慢老去，旅途就不再孤独。也许我们是平凡和微小的，但我们竭尽全力做着喜欢的事，心中便充满温暖安宁。

七条金鱼在呼吸

一天，我家先生从外面捡回一个旧缸，果酱色，半截高，估计是以往哪个单位食堂和面用的，现在都订盒饭吃了，老功臣就被遗弃。先生讨回来，主人一定暗地高兴，免了扔它到垃圾箱的麻烦。

旧缸摆在客厅，显得不伦不类。我家的陈设虽十分普通，但和一个黑黢黢的土缸，还是难协调。有朋友来，惊异道，毕淑敏，你该不是在积农家肥吧?

我不语，且看先生如何安排。星期天，他从街上买回了七条金鱼和一束水草。鱼和草都是最普通的那种，红的鳍和绿的羽叶在盛满水的塑料袋中蜷曲漂荡。先生把缸刷了许久，一边刷一边嘟囔，可千万别是腌过咸菜的，那样会把鱼鮵死……

我这才知道，先生要用这缸养金鱼。

我说，为什么不买一个好看的缸呢? 透明的，有灯的那种，还有氧气泵什么的，缸的背景贴上美丽的水草图案，鱼在里面会笑的。

先生一边仔细擦拭着面缸，一边说，我小的时候，我家的院子里就有这样一个缸，里面就养着这样的金鱼和这样的水草……

话说到这个份儿上，我知道任何建议都已枉然。每个人的童年都有一些结，七缠八绕凝在那里，不断地放射出引起我们的快乐、怀念和其他种种复杂情感的蛛丝。

缸刷好了，金鱼们迁徙进这个以前不知做过何用途的新居，开始争先恐后地吃先生抛撒的鱼虫。先生特地正告我，喂鱼一只手。也就是说，此事就由他承包了。不得谁有时无刻地想起来，乱喂一气，那样金鱼很容易撑死的，它们自己没什么数，全靠人控制。先生叮咛。

既然剥夺了我的监护权，我也乐得清闲，每日按部就班地忙自己的事。一日，在电脑打字的间歇，突然听到点点滴滴的破碎声。疑是水龙头没拧好，厨房卫生间一通寻找。不是。坐下工作，那声音重又响起，锲而不舍，仿佛在嘲笑我的粗心。于是再站起身，细致搜索。那声音便奇迹般地消失了，以致我恐惧起自己是否患了老年幻听。

怪哉！当我安静时，那声音一定是存在的。当我行动时，那声音就受惊似的遁去。怎么会有这般的灵性呢？只有一个解释——那声音是由有生命的物体发出的。想到此，吓一跳，好在很快释然。我想到了那七条金鱼。

待我悄然地起身，走近缸边，果然看到金鱼们正在水面呼吸。圆圆的唇一半在水中，一半在空气中，吞咽着，吹拂着，于是就有极细碎的气泡，翻滚着涌出，然后迅即迸裂，发出蚕丝扯断般光滑和柔润的碎裂声……

哦，原来是你们啊，陪伴着我的生灵！

从此，我写作的时候，就有了一种伙伴感。我知道近在咫尺

的地方，有七条金鱼不倦地游动着。

金鱼的呼吸声很有趣，只有当你极宁静的时候，才听得到。如果你心浮气躁，它就奇异地潜藏了。刚开始我以为金鱼有什么特异功能，可以感知到我的心绪，当我忧郁的时候，它们也郁郁寡欢。但我很快发现，当我欢愉的时候，也听不到金鱼的呼吸。为什么呢？难道金鱼会有意识地抑制自己的呼吸吗？

和金鱼做伴久了，我才知道，我家金鱼的呼吸，基本上是一个常数。除非极受惊扰会深潜水底，其余的时候是不间断的，其频率可达每分钟一百三十次。也就是说，假如碰巧七条金鱼都在水面呼吸，每分钟就会有将近一千次美妙的声音敲击我们的耳扉。

听不到，不是金鱼屏息，而是那一刻心绪不宁。只有心神归一，才有可能听到金鱼的呼吸。听到之后，就很奇怪，这样整齐而轰鸣的声音，片刻前怎么就置若罔闻了呢？

于是写得累了的时候，就听金鱼的呼吸。金鱼的呼吸好似一扇门，打开之后，接着听到了很多的声音。一只鸟在啼叫，汽笛的断续抽噎声，一个小小的婴儿在哭，一枚铁钉掉在马路上了……七条金鱼用它们的呼吸，吹拂开了捂住我双耳的黑手，让我听到了很多美妙的声音。

金丝雪片

　　我看书喜欢明亮。装修新家的时候，先生主张在书房里悬挂一盏美丽的吊灯，书桌旁再辅以台灯或是地灯。我知道他是好意，但不合我心。我说，书房里完全没有必要装饰繁复的灯具，既花钱又不实用。你一定要买，我就弃权，因为不想为这小事而争执一番。如果你承认这间书房的使用权归我，尊重我的意见的话，请放弃吊灯。屋顶天花板上，仅装一盏功率强大的吸顶灯，发出雪一样白炽的光，照亮书柜中每一本书脊上的书名。至于我的写字台和电脑桌，由我自己来挑选台灯。式样不求，极普通即可，亮度却须狠，铺出一派灿烂的碎银，映照视野。

　　先生就笑了，说照你这要求配备起来，书房里的照明有几百瓦了。听听你对光线的这份渴求，好像你已经垂垂老矣，患上了重度的白内障。

　　我也纳闷起来，按说我的视力还不错，可以连续看几个小时的书而不觉疲劳，何以对光线这般挑剔？思来想去，终于掘出了久远的理由。

　　那时我年轻，在西藏当兵。大雪封山的日子，漫长的时光使人分不清是远古还是现代。我把周围所有人的书都借了来，从书

用心触摸世界的温暖和美好

页中间被老鼠咬出了贯通伤的《聊斋》到色彩斑斓的色盲普查表，一一细细研读。我喜欢穿着绒衣绒裤外套棉衣棉裤，脚蹬大头毡鞋，中午时分暖暖和和地坐在旷野中（从宿舍推门走出，十步之外就是荒原了），在高原的阳光下读书。稀薄的空气最大限度地保存了阳光锐利的金色，照射到书页上，平凡的纸张化作了金箔，在山风的呼啸中闪动着诡异的光泽。书是有限的，我读得很慢很慢，生怕读完了再无书看。那些字经过阳光长久的烘烤，微微地热辣，纸面上流动起了雾霭般的岚气。一些笔画变粗了，像树根的须毛扎入纸内。另有一些笔画纤细得如同折断，好似支撑不起整个字体的重量，字就恍惚着，变成喝醉了酒的单腿精灵。

老医生走过来用手遮住书说，你这样读下去，会得雪盲。我说，雪盲不是看雪才会得的吗？我看的是书啊。老医生说，高原阳光下的纸片如同雪花，莹白反光，长时间地注视，会灼伤你双眼的视网膜。

我知道他说得不错，那些舞蹈着的字就是明证了。我只好恋恋不舍地把椅子搬回宿舍，在幽暗的石头砌起的屋内重新读书。复读那一瞬，书上的字都变长了，成为翠绿。

我依然喜欢在无人干涉的时候，到旷野中读书。我喜欢比照书中的人物，比如《聊斋》中的狐狸精在阳光下出没，有一种古今相搏的快感。我喜欢那种微醺于阳光和书页的双重迷醉，好像非如此便不得其中的真谛。也记得保护自己的眼睛，读的累了，会"啪"地落下眼皮，像展开一床柔软的被子，盖住我被阳光烤软的瞳孔。微仰着脸，眼前的世界变得像旗帜一般鲜红，甚至可以看清一个个鲜艳的血球，熙熙攘攘地走向拱桥一般的虹膜……

先生尊重了我的选择，书房被节能灯映照得雪洞一般。可惜再亮的灯光也无法比拟高原的太阳，往日由金丝和雪片的经纬织起的书锦，只存下褴褛的丝绦。

成熟的温柔

用心触摸
世界的
温暖和美好

第一千次馈赠

我的第二本中短篇小说集出得很艰难。

当代作家中短篇小说集不好卖，人所皆知，特别是单人独马的结集，简直就是杀入大漠的孤军，极可能无声无息地湮灭于黄沙，于出版者是十分危险的决定。

对于出书，我本抱着无可无不可的态度，能出自然好，出不了也很好。我之所以写作是为了喜爱，既然我的作品现在可以在杂志刊物上发表，那就应该知足了。但许多朋友和读者向我要书，要得多了，也令人心烦。作为一个作家，向他人提供作品，就像人们路过一片瓜地，看瓜的老汉要给大伙儿杀西瓜吃一般正常。你要是提供不出这个瓜来，大伙儿就觉得你小气或简直就是失职。为了使人们不失望，更为了使自己省去一次次复印作品的麻烦，就去同出版社商量。

大智大勇的编辑决定为我冒着风险出这个集子。我选出若干用心之作，送到出版社。剩下的日子就是耐心的等待，等全国征订的数字，以决定开机印数。

那一阵的感觉有些奇特。在写作的间隙，偶尔会突然掠过这件事，心想那张印有我的集子内容简介的征订单，不知在哪一双睫毛长长的男孩女孩的眼睛下接受审查？我想自己应该暗暗祈祷人们的慈悲，以便那数字的饱满。但我真的很平静，心想听天由命，随它去吧。我甚至觉得自己是个寡情的人，人们都把作品比作孩子，我对这些个亲生子是不是也太漠然了？

征订数很快拢来了，记得是上千本。责任编辑很满意，说是在当前严肃文学大萧条的季节里，应算是好结果了。但他仍旧很为难地说，按这个数字开机，出版社会赔得很惨，希望我能买下一千本。

我当时怔了一下。我曾暗下过决心，绝不买一大堆自己的书，那是一个作家的耻辱。但面对着诚挚的编辑，我无法断然拒绝，支吾着说，待我回家去问问先生吧。

先生听了以后，淡淡地说，买吧。

我说，家里地方这样小，再摆上一千本书，夜里上厕所，不留神会绊一个跟头。

他说，慢慢就会习惯的，人可以习惯任何事。

我说，我不知道该把这一千本书如何处理。每天出来进去看见的都是堆积如山的自己的书，心情一定懊恼。

先生说，送人啊。

我说，我的人缘虽说不错，但绝没有多到有一千位朋友的险恶地步，这许多的书要送到何年何月啊……

先生说，慢慢送吧，我想送上二十年，终是送得完的。

接着出版社通知交订金，一下子要拿出几千块钱。我知道家里没有这个钱，就坚决地说，我不出书了。

先生像变戏法似的拿出一沓钱，说不必你担忧，我早已备

好了。

我高兴地说，看不出啊，你居然背着我攒下了这样大的一笔私房体己。

先生苦笑着说，我知道你希望我的私房钱越多越好，可惜这不是。这是咱们家准备今年夏天买空调的钱，现在只好挪用。

我说，你是想用全家人的汗流浃背，换来我的这本书？告诉你，纵是你愿意，我还不愿意呢！我不愿成为家庭的罪人。

先生说，家是三个人的。儿子，你过来，表个态，少数服从多数。

儿子说，我愿意长痱子，来帮助妈妈出书。

那些天，我怒气冲冲。我觉得先生逼我到窘境，强加我一种负疚的沉重感。我拒绝同他说话，他就独自到出版社交了订金。

以后的日子里，我们假装没发生这件事，说话的时候都回避它。先生到街上的书摊打听过代销的规矩，询问过各单位能否买一些，但都是悲观的信息。我在暗中看着他忙乎，痛惜交加。

等待中，还发生过这样一件事。我到一座边远的矿山采访，矿长说他很喜欢我的作品，要我赠他一本。回京后，我把几部小说复印了寄他，解释说现在出书很困难，请他原谅。一天晚上，我突然接到一个陌生人的电话，说是从那个遥远的矿山来的，有急事要见我。我赶到招待所，那人拿出一万五千元现金对我说，这是矿长托他带给我的，以资助我出书。我拿着钱的手簌簌发抖，说我不要。来人说，如果你不要，我回去无法向矿长交代。我只好特意打了车，搂着那钱回了家，请示先生怎么办。

先生沉吟着说，人家是一片真心，我们也确实需要资助，但是你打算怎样办呢？无论你做出怎样的决定，我都尊重你的想法。

我说，这钱我是万万不能要的。我因为爱好而写作，我不希望被人施舍和怜悯，甚至也不需要关怀，尽管是善意也不接受。

先生说，那好吧，接下来具体的步骤是——这钱怎么处理？我说，从邮局寄回去吧。

几天后，先生对我说，你知道一张汇款单最多能寄多少钱吗？

我说，不知道。

先生说，是五千元。这样我一共填了三张电汇单子，才算把这事办妥。邮费加电汇费共用了一百五十多元才完璧归赵，你的赞助者增加了我们的困难。我们对视着，笑了一下。

后来那位矿长给我来了一个电话，他们那里不通程控，音量极小，他在电线的那一端声嘶力竭。

他怒气冲冲地说，毕作家——你把钱退回来了，我很难过。你是到过我们矿的，你知道我们出产的那种金属，伦敦金属市场现在的价格已经是每吨四万多元了。我只要掰下一块矿石，就可以出一本很好的书——你为什么要拒绝？！

我说，矿长，正是因为我下过矿井，看到过矿工如何挖矿，我知道你们的每分钱都来得太艰辛，所以我不能要你们的钱。

他说，你不要我们的钱，这几天我一想起来就很难过。

我说，我若要了你们的钱，我会难过终生。

电话断了。我不知道是风吹断了电线，还是矿长掼下了电话。

用心触摸
世界的
温暖和美好

礼 物

那个夏天，是我记忆中北京最炎热的夏天。我已换成电脑写作，深刻地体会到这是一个非常娇气的家伙，你不怕热，它却怕热。我把电扇对着电脑吹，机身还是热得像面包炉。先生说，我纵是不心疼你，我还心疼机器呢，你还是停止写作吧。我说，这就是不买空调的后果。

先生说，说什么都晚了，书就要印出来了。

书终于印出来了。先生交足了一千本的书钱，从出版社提了书，搬运回家。那些日子，我家楼前正好挖暖气沟，车子开不过来，书就卸在土沟对侧的塄坎上。连我六十五岁患病的母亲也下楼来帮我搬书。我再三劝阻，她说，我拿不了多的，一次只拿两本总是可以的吧？我和先生怀抱着从胸口堵到眉梢的书垛，眼睛从书的两侧轮番窥视着横在壕沟上的窄木板，一趟趟耗子搬家似的运书。

一千本书摞起来的体积相当于双开门冰箱。家里实在是没有地方，先生就把书像炸药包似的堆在楼道里。我说，这恐怕不大好吧，居委会三令五申地不叫乱摆乱放。先生说，咱们同邻居好好说说，大家会谅解的。

我真心感激我的邻居们，他们把公共的地方容我放私人的书，而且每次打扫楼道的时候，都小心地不把水溅到书堆上，使最底层的书始终干爽如新。

我们要开始最艰难的工作了——送书。

我把从小学到中学到读研究生时所有的同学，从西藏到新疆到北京当兵时所有的战友，从当助理军医到军医到主治医师时所

用心触摸世界的温暖和美好

有的同事，从初次写作到今天结识的所有文学界师长和朋友的名字，列了一个漫长的表。我和先生在灯下写呀写，包呀包，捆呀捆……夜夜劳作，好像一个手工作坊。

清晨，先生上班的时候，拎一只大大的网袋，里面都是待寄的书。那些书捆扎得并不彻底，暴露着一个个缺口，是为邮局检查准备的，显得沉重而凌乱。

见他总是操劳，我于心不忍，也去邮局操作了一回。正是春节前夕，邮寄印刷品的人如火如荼，为了寄十本书，整整耗费了我两个小时。从此，我知道先生为我付出的光阴不是一个小数字。

有一阵子，我给人送书简直到了如醉如痴的地步。一位读者写信说她和远在澳洲的女儿喜欢我的小说，但是买不到。我立即包了两本寄去。母亲说，寄一本也就是了，两个人轮换着看嘛。我说，还是寄两本吧，把书送给一个喜欢读的人，是这书的缘分啊。

每当我包书捆扎的时候，母亲就面露心痛之色。我寄出一本，她就说，嗨，一条大鲤鱼游走了。我寄出两本，她就说，一只烧鸡飞跑了，一边叹气一边摇头，嘟囔着说他们都讲喜欢你的书，可为什么不寄钱来呢？好像你的书是土里自己长出来的呀。

我就说，噢，妈妈，您好小气啊。

书堆像雪人似的，渐渐坍塌下去。有一天，先生说，我看用不了二十年，你就会把这些书送完的。我说，努力争取不懈奋斗吧。

当我送书给人的时候，人们通常说，谢谢您。我总是由衷地回答，别客气，我谢谢您啦！人家就奇怪了，说您送书给我们，为什么反过来谢人呢？

我说，因为您接受了我的书，我家的地方就会宽敞一些，我当然要谢您了。大家就以为我是幽默，其实我是诚心诚意的。

终于有一天，先生对我说，我看你送书的速度可以减慢了。我松了一口气说，那好那好。先生说，我们的存书已然不多。我说，反正我们的朋友也送得差不多了。

先生说，也许将来有一天，你会发现这些书已全然派送完了，却忘了送给一个最重要的人。

我吃了一惊说，哪里会有这种事！我是一个很念旧的人，对朋友总是铭记在心，假如我遗忘了谁，请你务必提醒。

先生说，这个人就是我啊。我立时肃然起来，抽出一本印制得最清晰的书，压膜没有一丝气泡，书面平整如水，端端正正地写上他的名字。先生珍重地收好。

整个交接过程，我们没有说一句话，默然得如同路人。

毫无疑问，这是我这一千本书里最后也是最重要的馈赠。

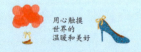

用心触摸
世界的
温暖和美好

录音电话

家里新买来录音电话，大家仔细看了说明，决定开始录音留言。

由谁来主演呢？先生说，当然是你啦，找你的人多嘛！我有些畏葸地说，还是你留言吧，你到底是户主啊（中国人好像有一种对留下自己声音痕迹的天然恐惧，也许是原始狩猎时代的遗风）。

他不由分说地控制了录音键，说，这么一点小事，还婆婆妈妈？说吧！然后和儿子站在一旁，看我如何张口。

电话"嘟"的一声响，表示录音开始。我连连摆手，着急地说：说什么呀？我还没想好呢！

结果第一次录音的成绩就是：我还没想好呢……

儿子在旁边插嘴，妈，你怎么这么笨！我听见别人家的录音电话里都是这样说的：这里是×××电话号码，主人不在家，您有事请留下姓名并留言。不就成了！

我在心里佩服儿子的机灵，正准备依此办理，先生说，我们为什么要学别人的样？那种说法不是太公事公办了？一般给你打来电话的，不是作家就是编辑，你还是把留言搞得精致一些。

想想有理，我认真准备了录音腹稿，郑重地录下了一番周到的话语。

录完了，像接受审讯的嫌疑犯，等待发落。

先生说，太沉重了些，像是致悼词。

我不气馁，重打鼓另开张。这一回先生倒没说什么，一直在旁边凝神静听的儿子说，妈你怎么声音神秘兮兮的，像《小红帽》里的狼外婆？

我说，你不要恶意攻击。这件事不像你想的那么容易，要不你来试试？

先生鼓励我说，一回生二回熟，你再接着练练就会完美啦。说着拉开儿子，殷切地等着我再次实践。

我在他们的虎视眈眈下，战战兢兢重新开始。没想到效果更糟，居然开始结巴。

哎呀，你怎么黄鼠狼下耗子，一窝不如一窝？再来再来！先生像严厉的国家队教练，不容我停息。

儿子也在敲边鼓，说，妈您是朽木不可雕也，就这么一件小事，还有我和爸全力以赴地帮着您，您怎么就不开窍？

又是几番劳而无功，我垂头丧气地停止了努力。抬头看了看表，半个小时过去了，录音带上还是一片空白。我又瞅了瞅先生和儿子，他俩双手抱肩，悠闲地注视着我和电话机。

喔，我恍然大悟！

我轻松地对他们做了一个手势。先生说，这是什么意思？我说，请你们到别的房间去，我要独自录音。

他说，有我们帮着你还录不好呢，团结力量大。

我说，坏就坏在一个人干，两个人看。你想想吧，任何一件事，要是看的人比干的人多，那件事准好不了！

他俩悻悻地走了，我一个人轻松地把音录完。先生回来听了以后，说录音带里的我前言不搭后语，语气也不连贯。我说，就那样吧，我又不是中央人民广播电台播音员，既然我们都是普通人，就按普通人的习惯说话好了。

假如你把电话打到我家，恰巧是我不在家的时候，你会听到我在录音电话里，磕磕绊绊但是真诚地向你问好……

◀ 我的爱

内部招标

　　我家三口人，先生、儿子和我，仿佛三个边界清晰的小国，相处还好，基本上友好睦邻，但也时时狼烟四起，争斗不已。

　　我因为写作，就有了许多需上邮局的活儿，比如和编辑部往来的稿件，给读者寄的书或是复信，等等。平日里都是先生代劳，用书包携带了去，回来后我就巴巴结结地向他道声辛苦，倒也相安无事。但天长日久了，他终于不耐烦起来。

　　那是一个星期天，我正预备包饺子，他气哼哼地从邮局回来了，对我说："排了半天的队，还挨了一顿训，这真不是人干的活儿。"

　　我说："先喝口水，消消气。"

　　他说："少来讨好我，今后我不干这活儿了。"

　　我说："那可怎么办呢？又不能为这事雇个小时工。"

　　他说："雇也没人干，这事太磨人。"

　　我说："那也不一定，重赏之下必有勇夫。"

　　先生快活起来说："这么说你打算为这件事出点血了？这么着吧，你说说每个月准备出多少钱，我看看承包了是不是合算？赚的钱进我的小金库，你管不着。"

用心触摸世界的温暖和美好

我说："行啊，好商量，你先开个价吧。"

先生很慎重地想了想说："每月五百元。"

我惊叫："真够黑的啦！咱家哪有那么多的钱？"

他摇着头说："就这我还不乐意干呢！可惜别无分店。"

我说："那我自个儿干得了，还给咱家省了这笔钱。"

绝望中突然杀出一匹小黑马，儿子见义勇为地说："妈，这事就交给我吧。甭五百了，每月四百块钱就行。"

我说："好好，凡事有了竞争就好。"

先生当仁不让地说："儿子你不要抢我的差事，现在我宣布降价，每月三百元就干了。"

我朝儿子说："你呢？什么态度？"

到底是少年人干脆，他睫毛都不眨地说："两百，我每月两百块钱就行了。"

我睃巡四周说："怎么样？还有更低的吗？"说着拿起擀面杖，预备一杖敲下去定音。

先生忙对儿子说："咱俩不能鹬蚌相争，让你妈渔翁得利。"

儿子不为所动，坚持说："君子一诺千金。"

我说："咱们就这么定了吧？"

先生忙不迭地改口说："我变了，变每月一百了，一百就行。"

儿子毫不退缩，说："那我五十。每月五十块钱，我把我妈的信都包发了，怎么样？"

我微笑地瞅着先生，说："看来任何事情都不能搞垄断封锁，所以要有反不正当经营法。"

先生气壮山河地站起来，悲壮地说："我现在宣布，发信不要钱了。反正我以前也是无偿服务，今后就一如既往罢了。一个人做点好事并不难，一辈子都做好事也不难。"

儿子在一旁悻悻地说："妈，现在要想把您招的标从我爸手里抢回来，只有倒找给您钱了。"

我说："儿子，这事你就让给你爸了吧。以后我要是有时间，尽量争取自己上邮局。现在你们知道下一步最重要的事是什么吗？"

父子俩一齐说："是什么呀？"

我说："包饺子啊！吵了这么长的时间，面都醒过头啦！"说着把擀面杖重重敲下。

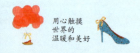

今天我病啦

今天我病啦!

早上的时候，我说。

夫便很郑重地看着我。因为他知道我是个崇尚忍受的人，说是有病，便是真病了。

那就赶快去看，今天就去。他说。

可是我今天上午还有个会，很重要，我还是坚持一下吧……我说。

不要拖，不要拖成了癌症。他说。

癌症并不是拖成的，癌症是生来就是的。我说。

不管怎么说，你今天就得去看病。

号很难挂的。你要知道，大医院门庭若市，北京城最长的队伍就在它的挂号室，而且你今天上午也有会……再说就算你给我挂好了号，怎么把它交给我? 整个上午咱们俩南辕北辙。

哦，不要说那么多，把你今天上午开会地点的电话给我……好了，等我的电话。

他走了，餐桌上留下冒着热气的蛋。

吃了再走，我给你剥蛋壳。我说。

不啦，晚了怕挂不上号！声音从楼梯的拐弯处渐渐沉下。

开会时，有小姐款款走来，说，女士，有电话找，说事情十分紧急。

我对大家歉意地笑笑。大家都宽厚地说，追到这里的电话，一定很重要，去吧快去吧。

哎！告诉你，号挂到了。下午第一号！现在咱们商量接头，一点钟在地铁门口，这样于你最便当……

可这对你来讲太远了！

怎么这么腻烦呀！我也是开会中途跑出来的……

电话挂断了，我还是多攥了一会儿听筒。

交接的时候很顺利，只是我以为他会对我说很多话，没想到他只是挥挥手说，快去吧，你是一号，别晚了，我去找个地方吃午饭。

我还是去晚了。二号已先进入诊室，我只好在走廊长椅上静静地等。

诊室门帘安宁得像无风的冬夜一片硕大的雪花，久久地一动不动，不见诊完的人出来。

我问护士，这位大夫看病怎么这么慢？

看得仔细呗！她说。

想想也是。但一会儿又耐不住了，看见旁一间诊室的病人像传送带上的零件频繁地进进出出。

那边的大夫看得可真快。我叹了一口气。

可你挂的是这位大夫的号啊。三号病人说，她头戴一顶雪白的帽子。我是癌症，头发都掉光了。你呢？她满怀希望地问我，

很愿意与我同病相怜。

我不是。起码我觉得我不是……我今天早晨才不舒服……我语无伦次。既觉得自己不是癌症，对不起人，又觉得自己实在比她幸运。

终于轮到我了。一位慈和端庄的女医生，有很重的南方口音和华丽的白发。

她很快为我做完检查，流畅地写下一行外文处方。

您给我开的是什么药呢?

一种药膏。

很贵吗?

不到一元钱。

噢……我轻轻叹息了一声，为了药的这份低廉。

大夫，您是否给我多开点? 我下次就不必这样麻烦。

不必的，这一支药膏不等用完，你就彻底好了! 她温和地冲我点点头，对护士说，请叫下一位。

您给我看病的时间这样短，给我前面的人看病时间却那样长……我随口说。

她是一位疑难病人。大夫轻声解释。

原来我像一层稀薄的果酱，夹在两块破碎的饼干之间。

那我肯定不是癌症吧? 想起来忧心忡忡，我又问一句。

肯定不是，放心好了，这是极轻微的一种病，看来你是个急性子。顺便说一句，若以后你再得这种病，不必再挂我的号，到这里来的都是疑难病症。

我轻轻呼出一口气，但愿我永远不要来找这位可亲可敬的大夫。

　　出得门来，恰逢那位三号病友准备进去，她隔帘听到了我和大夫的对话，苍白的脸上有浅浅的笑意：看普通病到那间诊室去，只要五毛钱挂号费。这位专家是医院里的权威，每号十元，是极不好挂的。

　　我捏着药膏，心想快回家，把病情告诉我夫。

用心触摸
世界的
温暖和美好

强弱之家

　　女强人这个词，更多的是一种社会性的评价。我不知道确切的定义是什么，大致想起来，似乎是指女人在一个传统的以男性为轴心的世界里，有了一定的地位、实力或影响。比如说做官做到处级以上，比如挣的钱比较多，比如说知名度比较高……

　　我是一个作家，没有权也没有钱。由于写东西总是要署名的，以示文责自负的勇气，知道我的名字的人比知道我丈夫的名字的人要多，使我也可以厕身女强人之列。我很感激这个行业给我的荣光。

　　但是我的家里，并没有人把我当一个女强人看待。我丈夫认识我的时候，就知道了我的名字。他称呼我名字的次数，并不因为知道我的外界人的多寡而增减频率。比如他可以在我写作的时候，很随意地对我说："哎，毕淑敏（我们俩都是当兵的出身，从认识的时候就是直呼其名，像在兵营里一样），你知道我的那双羊毛袜子搁在哪儿了？"我就会毫不迟疑地放下笔，说："你怎么那么没记性啊，都跟你说了多少遍了，就在某个抽屉里。"一边说，一边就去给他找。这无论在我还是在他，都觉得理所当然。

　　当我的事情和我的儿子发生冲突的时候，我几乎是下意识地就服从了孩子。比如说今年的暑假，我儿子叹了一口气说："我有你这样一个妈妈真是倒霉啊。"

我忙问为什么。他说："别的同学放了假可以自由自在地待在家里，可我的妈妈是一个作家，一天到晚在家写作，无论什么时候，妈妈都像猫头鹰一样盯着我。"

我埋头写字，并没有时间总盯着他。是他到了十几岁的年纪，强烈地萌发独立意识，要求自己的空间。第二天，我收拾起自己的纸笔，转移到单位的办公室写作。这当然给我的工作带来了不便，几天以后，连儿子自己也不好意思了。他说，妈妈你回家来吧。我说："你不必在意，写作对我来说是终生的工作，不在乎这一个月的时间。但这个暑假对你来说是极为宝贵的，我愿意把家让给你。"

我这么做大约是太姑息儿子了，但世上有些事情是不能以对错论结果的，支配我们的是一种习惯。

在我心中，孩子与家都是万分贵重的东西，面对它们强大的力量，我是弱者。

没有墙壁的工作间

自从我用了电脑，写作时就从卧室迁徙到门厅。

那地方实在是对不起"厅"这个儒雅的称呼，只有四五平方米大，没有窗户，白天进来第一个动作也是拉灯绳，否则一不小心撞到电脑桌椅角上，那高度恰与人的腰眼齐平，会使你像被点了穴似的。四堵墙壁上开着五个门（大、小卧室，厨房，厕所和通往楼梯的屋门），环顾时只见门框不见墙壁，好像自己身在古驿站的小亭子里。

家中的格局原是这样的：儿子自上了高中，强烈地要求自由与独立，只好分他一个神圣不可侵犯的小屋。母亲患病，与我同住。卧室里摆着我的桌子，先生打地铺。用笔写作的时候，逢我值夜班，众人也还相安无事。我只需把报纸卷成筒，遮蔽了灯光，就皆大欢喜。换了电脑，那嗒嗒的击键声，在子夜的静谧中竟像奔马一般响亮。

先生坐起来，惺忪着眼对我说，刚做了一个梦……

我正忙着构思小说中一段优美的风景，敷衍他说，人都是有梦的……

先生说，这个梦里你变成了李侠。

我问，李侠是谁?

先生说，就是电影《永不消失的电波》里的主人公。

我说，谢谢你，在梦中封我一回英雄。

一直伴睡的母亲说，你每夜这样不停地敲打，总让我想起特务……

我知道触了众怒，第二天便独自把电脑搬到黑暗的走廊。先生和母亲于心大不忍，一个劲地向我道歉，请我搬回去。但我执意不给他们以改过的机会，坚持坐在有五座门的工作间里写作，赐名"五洞斋"。

这实在是一个有许多妙处的地方。

不管白天晚上都要开着灯，很利于保持一种创作环境的连贯与稳定。以前写作的时候，常会偷懒向窗外张望，看看风，听听雨……现在无论你朝那个方向扫过去，木门都昂首挺胸义正词严地阻挡你的视线。反正是什么也看不见了，索性埋头拉车，心定如水。

夜深人静写作时，再没有了愧对家人的自责。谅你们终是凡人，没有孙大圣的顺风耳。就算在梦中屏气倾听，击键声的袅袅余音，轻淡的也如同催眠的冷雨了。

在四周黑暗的氛围中工作，眼前一盏孤灯，常常使我有一种旧时挖煤的苦力的感觉。一个人在幽深的巷道里匍匐着前行，手足并用，寻找着埋藏的光明。那过程辛苦而危险，然而一旦负煤而出，满面尘灰地点燃跳动的火焰，心就温暖起来了。

在没有墙壁的房间里工作，唯一的坏处是——谁都可以参观你的劳动果实，而无须请示批准。此地为家中交通枢纽，无论就餐还是方便，都必得从我坐的椅子后面挤过去，实有一夫当关、万夫莫开之险。主观上的好奇加之客观上的地域狭窄，路过之人常常是极慢地将身体蹭过去，表面上好像是怕惊扰了我的思路，实际上有意无意窥探我的最新成果。母亲老眼昏花，对跳动的银屏颇不习惯，倒是最不必防的。老人家只是在我的身后悠长地叹息，拂动我颈后的柔发，使人感到生命中不能承受的慈爱。先生虽说目光如炬，然知书达礼，看过屏幕之后并不言语，只当是路边的一块石头。久而久之，我也可处之泰然。令人防不胜防的是儿子，抱着肘，毫不掩饰批判的目光，炯炯地注视着流水线上我的半成品，时而惋惜地点评一句：这一段文字啰唆了些，似可减减肥……

我初而愕然，渐渐就忿忿然了。

我说，一只蚕吐丝的时候，是不愿意被人盯着看的，卫生间的门都是有插销的。

轮到他大诧异，说，写出来的东西不就是要给人看的吗？难道你写的见不得人？

真是哭笑不得。

一日，儿子又屹立在我身后。我在电脑上飞快地打出了如下的字：一只大狗在沙滩上画画，一只小狗在远处张望，不停地汪

汪叫，大狗的画就越来越糟糕……

从此我背后的要道，不再堵车。

春天到来的时候，我的颈椎病重了，左肩也痛得抬不起来。到医院里看，医生诊断是受了风寒，很有经验地说你工作的地方，左侧是不是有一扇窗？我嘻嘻笑起来，说那地方任何方向都没有一扇窗。医生说，那一定是有一扇门。我说，那地方所有的方向都有门。

医生没有说准，讪讪地给我开了一大包"芬必得"。

晚上我仔细地研究包围我和电脑的门。左侧的门是正对着楼道的，有利如箭镞的冷风飕飕射来，是所有的门中最险恶的一座。

我对先生叫苦。

先生说，斋主，还是返回故居吧。如果你坚持在八面来风的"五洞斋"里写作，终有一天所有的关节都会痛起来。

我说，甭吓唬人。求你给我做个棉门帘吧，要又厚又大的那种，当下一个冬天来临的时候。

藏 在 心 灵 树 洞 的 故 事

人生并没有一定的对错之分。生命是一个过程，万丈红尘、
万千气象都是常态。宽容就是接受和自己不同的人生状态，
并不歇斯底里。

浸透罂粟的骨髓

朋友是戒毒医院院长，常邀我去她那里坐坐。

"我才不去呢，我对丑恶的大烟鬼毫无兴趣。你也趁早洗手别干了，这是和魔鬼打交道的行当。"我说。

朋友摇头说："因为我的工作，真有人从此就戒了毒。挽救了一个人就是挽救了一个家啊。"

一天，她打电话说："你来吧，我治好的一个外地病人要来复诊，你可和他聊聊。"

我如约到达医院。朋友先向我简要地介绍了病情，说即将来的这个小伙子身上承担着三条性命。

他的老父亲，年轻时丧了妻，一个人抚育着小伙子和他的姐姐，吃了无穷尽的苦。好不容易拉扯着孩子们长大了，成家了，日子好过一些了，没想到女儿得了白血病。

姐姐到医院治疗，医生说只有骨髓移植可以救她的性命，否则就只有一年的活头。

骨髓移植必须要有人捐出骨髓，彼此的型还要相符，要不就是移植进去也存活不了。

老父亲热泪滚滚地说，我这么大的年纪了，把我的骨髓抽干吧，只要能救我的孩子。要是女儿死了，我还活着，以后我有什么脸面到地下去见他们死去的亲娘！我不能白发人哭黑发人啊！医生，求求你们！

医生查了老人的骨髓型，可惜不符，无法输入。

老父亲就让儿子去查，儿子说什么也不去。

老人大怒，对儿子说："十指连心，长姐如母，你怎么能在给亲人救命的时候，连个见义勇为的过路人也不如！"

不论老父亲怎样涕泪滂沱地恳求，儿子就是坚决不肯伸出胳膊化验骨髓。其实，为了姐姐，他痛不欲生。

他吸毒。他的血液里浸透了海洛因，骨髓里漂浮着罂粟，所以他不敢给自己的姐姐捐献骨髓。眼看着姐姐一天天枯萎下去，他终于偷着找到医院，讲了自己的情况，请医生检查他的骨髓。他起誓说，只要他的骨髓和姐姐的相符，他就一定戒掉毒品，把新鲜健康的骨髓捐给姐姐，使自己和姐姐一道得到新生……

他的骨髓型恰好和姐姐相符，输进去，姐姐就有救了。可我们把消息告诉他，他又无动于衷了。

随着毒瘾的深入，吸毒的人亲情意识泯灭一光。除了毒品，他们对什么都毫无兴趣。毒品变成他们的脑、他们的血、他们的根。世间万物，只有这种白色粉末是他们唯一的亲人，他们是被毒品异化了的怪物。

姐夫找到他，长跪不起。

也许他和姐姐相濡以沫的童年还温暖着他的心，也许他希望孤苦一生的父亲有一个安然的晚年，小伙子残存的良心被眼泪浇得发了芽，他捶胸顿足地到这里戒毒来了。

他是我所遇到的最坚决的一个自愿戒毒的病人。在快速戒毒的过程中，他表现良好，甚至很能吃苦。离开的时候，他带了足够的药，以备在今后的日子里抵御毒品的诱惑。半年过去了，今天，是他来复查的日子，要是一切正常，他就可以给他的姐姐输骨髓了。

骨髓移植是一个很复杂的过程，既要挽救他姐姐的生命，也不能损害了他的健康。抽髓要分很多次进行，要几个月才能完成……朋友兴致勃勃地说着，渐渐进入很学术很专业的领域。医生对一个成功病例的珍爱，不亚于工艺美术大师对精雕细刻象牙的喜欢。

我被朋友的快乐所感染，问道："那是一个怎样的小伙子呢？"

朋友说，我们都称他"小西北"，很讲义气，说话算数。

正聊着，护士进来说："院长，小西北来了。"

我急忙跑进接诊室，步履比朋友还要迅疾。

一个骨骼高大但羸弱无比的汉子，蛹一般蜷缩在地上，好像寒风中最后一条青虫；脸色似简易厕所的墙壁，白垩中挂着晦暗。鼻涕毫无知觉地流淌着，耷拉在嘴角。眼神毫无目的地游荡着，头发干涩地飘舞，手指神经质地弹动着，全身被一种不由自主的悸颤击穿。

院长痛心地闭了一下眼睛，再打开眼帘时，冷峻的目光彻入肺腑。

"你又吸粉了？"院长问。

"不……没有……哪能啊……我不能辜负了你们的治

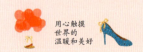
用心触摸
世界的
温暖和美好

疗……"汉子眼睛看着墙角结结巴巴地说。

"小西北，不要骗我了。我医过多少吸毒的病人，真正戒了毒的人绝不是你这个样子。"院长威严地说。

"我发誓……凭天王老子、地母娘娘……以我在世的父亲和去世的老妈的名义起誓，绝对没……你们当医生的不能瞎冤枉人……"他抓耳挠腮涕泗交流，破鞋板将水泥地扇出呱呱的响声。

说实话，他的形象虽然可厌，嘴巴却吐尽了常人所能想到的咒语，使你不由得半信半疑。

院长不理睬他的叫嚷，肯定地说："我说你吸毒了，你说你没吸，不要再在这里吵个没完。我们给你做一个尿液毒品检验，一切就将大白。"

"不……我不做尿毒检……"

小西北原本站在墙角，这时猛地向后退缩，使他几乎嵌进了墙缝，粗糙的轮廓像铁丝网一样摇晃，仿佛顷刻间会坍塌。

尿毒检是一种灵敏度极高的检测手段，只要吸食了毒品，哪怕极微量，它也能火眼金睛地鉴定出来。

"小西北，戒毒医院是帮助你的朋友。你既然不相信我们，不配合治疗，到这里来干什么呢？你的父亲，你的姐姐，那样殷切地期望着你，你再次吸毒，辜负了亲人们的一片苦心。你不想戒毒，又不接受检查，那你找我们做什么？请你从医院回去吧。"

院长看也不看小西北，转过身，独自面对着透明的玻璃窗说。

小西北突然一反常态，嬉皮笑脸地迎上前，"我错了！院长大姐，大人不计小人过！我不是人，我是狗！您不就是要我点尿吗，我的尿也不是 XO，也不是人头马，没那么金贵，我给您尿点就是了……"

院长正色道:"不是我要你的尿,是医院化验需要你的尿。"

小西北涎着脸说:"都一样。院长就是医院,医院就是院长。我不是不爱给您尿,是怕您给我验出来。您还真有经验,一眼就看了出来。没人能瞒得过您的眼神。我真的扎了'飘',您一查尿,我就得露馅儿……"

他一反刚才的颓废,喋喋不休地叫嚷着,眉飞色舞,好像有庞大的人群在听他讲演。

"谁陪你来的?"院长打断他的话,简捷地问。

"我爹,还有我姐夫,都在楼底下等着呢。他们都不知道我又吸毒了,我不让他们上来,怕伤了他们的心。他们以为我的骨髓是干净的,我姐姐正眼巴巴地在病床上躺着等着我呢……医生说过这是她最后的机会了,要是再没有人给她输骨髓,不定哪个早上,她就再也醒不过来了……"

小西北说着泄了气,原本就佝偻的背脊更加塌陷,神色黯淡下来,无限的凄楚笼罩在眉眼间,半妖半神的杂糅之色使他目光迷离。

我微微张着嘴,不知说什么才好。通常的语言此刻完全失了效力。

检验结果,小西北体内的毒品呈强阳性。"你打算怎么办呢?"院长严正地问小西北。

"戒,这一次一定戒掉。求求你,这不但是救我,而且是救我姐姐,救我爹爹……我的血不单是我的,也是我姐的。我的骨髓不属于我,是我们全家的……您要是不收留我,我们全家就完了……"他像捶打棺材板一样拍着自己瘦骨嶙峋的胸脯，呼天抢地。

见院长仍在沉思，小西北毫无征兆地双膝一屈，猛地就给院长跪下了。

我生平第一次看到一个成年男子当众下跪，把头磕得当当响，心中一阵惊悸。

戒毒医院的院长对这一切司空见惯。她缓缓地偏转了一下身子，避开了小西北头颅的正前方。这使得小西北的跪拜无了对象，仿佛对着空洞的墙壁祈祷，有一种无所附丽的悲怆和微微的滑稽。

"小西北，你起来吧。让我们再从头开始新的一轮戒毒，希望你能有毅力，只是，我不知道你姐姐是否等得了那么长的时间。"

院长语气温和，充满爱和力量。

"这一次，我一定有毅力……"小西北几乎声泪俱下。

院长忙去了。一时间，屋里只剩下我和小西北两个人。

我看着这个骨髓中浸满了罂粟的人，说："你什么都知道，什么都懂得，你的身上寄托着几条命，可是你为什么管不住自己呢？"

小西北耷拉着脑袋，我看不见他的表情。

他说："毒品是一种白色妖精，要想逃脱它的魔爪，实在是太难了。你没有吸过，跟你说不明白。我从医院出去，回到过去的同伙儿那里，他们把粉塞到我手里，我的意志立时崩溃了……不，不说它了！从今天开始，我每天都要想想我的姐姐，想想我

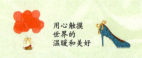
用心触摸
世界的
温暖和美好

小时她对我的好处，想想她在病床上巴望活下去的眼神……我先用三个月戒掉海洛因，然后吃好的、喝好的，足足调养上三个月，把体内所有的毒气都洗清驱掉；把骨髓调理得像刚打鸣的小公鸡，又红又清亮，输给姐姐，滴滴是宝。要是不出岔子，那时正是阳春，医生说过，杏花开时是骨髓移植最好的节气，我的姐姐就得救啦！"

小西北一口气说了这么多的话，虚弱得冷汗直流。

我看着手舞足蹈的他，又下意识地瞅瞅墙上的挂历。

但愿小西北生命垂危的姐姐，能够熬到春暖花开的季节。

一场没有时间表的宴席

某医生专门为癌症晚期病人做治疗，门庭若市。

我说，癌症晚期，基本上回天乏力。那么多人趋之若鹜地来求助你，你有什么绝招秘方？难道有家传秘方吗？

医生说，没有，我没有任何诀窍。全世界治疗癌症的方法就那么多，都在书上写着呢。我要是有起死回生之术，就去得诺贝尔医学奖了。

我说，那很奇怪，人们为什么都来找你呢？

头发花白的医生平静地说，我只是陪着那些得癌症的人，走完人生的最后一程路。

要知道，这种陪伴并不容易，要有经验，要知道跟他们说些什么，要能忍受一次又一次的永诀。

癌症病人不知道这种时刻该怎么办，包括他们的亲人也很茫然。人们通常用两种方法，要么装着那件事——你知道我指的是什么，就是死亡——离得很远，好像根本就不会发生似的，谈天说地言东道西，但就是不提及此事。

这让那个就要死去的人无比孤单。他知道那件事就要发生了，他已经收到了确切的预报。但大家好像都不理睬，完全不在

意这件事。他也不知道自己该如何揭开这个可怕的盖子，困窘无措。后来，他会想，既然大家都不谈，一定是大家都不喜欢这件事。我马上就要离开人间了，既然大家都不乐意说说这件事，那么，我也不说好了。于是，死亡就成了一个众所周知的秘密。

家人对每一个来探望病人的人说，他的病情很严重，可能马上就要离世了，可他自己一点儿也没有意识到。拜托你们了，千万要装得很快活，不要让病人难过。

人们就彼此心照不宣，群起对那个濒死之人保守秘密。那个濒死之人则没有勇气破坏大家的好意，索性将错就错，任凭那个谎言越滚越大，直到成为厚厚的帐幔。要知道这种在最亲近的人之间设起的屏障，是非常耗费能量的。于是，病人就想早早结束这个局面，他们甚至更快地走向了死亡……

那么，你是怎么做的呢？我问。

很简单，我只跟他们说一句话。医生说。

一句什么话呢？我好奇。

我只跟他们说，在最后的时间到来之前，你还有什么心事吗？我可以帮你做些什么？我会尽全力来帮助你。医生这样回答。

就这些吗？我有些吃惊。因为这实在是太简单了，简单到令人难以置信。

就这些。很多要死的人，对我讲了他们的心事。他们对我很信任，没有顾忌。我从不试图安慰他们，那没有意义。他们什么都知道，比我们健康的人知道得更多、更清楚。

临死的人，有一种属于死亡的智慧，是我们这些暂时的生存者无法比拟的。对这种智慧，你只有钦佩、匍匐在地。你不可能超越死亡，就像你不能站得比自己的头更高。医生说着，视线充满敬意地看着面前偏上的方向，好像在那里有一束自天宇射下的微光。

我说，您和很多要死的人讨论过各式各样的未了心愿吗？

医生说，是的，很多。几乎所有的人，都有未了的心愿。我甚至因为和他们讨论这些事而出名，他们会在彼此之间传布我的名声，说临死之前一定要见见我，这样才死而无憾。

我说，能跟我讲讲临死之人最后的心愿都是什么吗？

医生淡淡地笑笑说，您这样问，可能以为那些临死之人的想法一定都很惊世骇俗，很匪夷所思。其实，完全不是这样。因为都是一些普通人，他们的想法也很平常，甚至是太微不足道了，他们因为觉得不足为外人道，都有些不好意思。只是因为知道我是一个专门研究癌症晚期病人心理的医生，他们觉得我不会笑话他们，才愿意对我敞开心扉。这样一传十、十传百地，就慢慢有了口碑，其实，我不过是帮助他们达成心愿，让他们无怨无悔地走完最后的路程。

我说，可是你还没有把他们最后的心愿告诉我，是不是保密呢？

医生说，并不保密，我是怕你失望。好吧，我告诉你，你一定会想到他们要求我帮助完成的心愿，可能是找到初恋的情人，或是哪里有一个私生子这样稀奇古怪的事情。这种事情我不敢说从来没有过，但真的非常少。普通人临终之前，多半想的都是完成一些很具体甚至很微小的心愿，比如对谁道个歉，找到某个小

用心触摸
世界的
温暖和美好

时候的玩伴，还谁一点小钱……并不难的。也许，有些活着的人以为这些不值一提，家里的人也可能觉得太琐碎，未必会记在心上。不过，我听完之后，都会非常认真地完成。

我说，您能给我举个具体的例子吗？

医生沉思了一下，说，好吧。我刚刚帮助一个患癌症的女子完成了她最后的心愿。

我说，什么心愿呢？

医生说，这女人是个厨师，病入膏肓，将不久于人世。她是慕名而来，对我说，我有一个心愿，可是对谁都不能说。听说无论多么奇怪的心愿，你都不会笑话我们，所以我才找到你。

我说，请放心，请把你的心愿告诉我，我会尽力帮你完成。

女人说，我从小就学做厨师，现在我就要走了，我的心愿是再做一桌菜。

我点点头说，哦，这很难吗？

女人说，是的，很难。因为长期化疗，我舌头上的味觉器官完全被破坏了，根本就尝不出任何的味道。我的胳膊打了无数次针，肌肉萎缩，已经掂不动炒勺。我不能行走，已经不能上街，不能亲自采买食材和调料。我长期住在医院里，很快就要从病床直接到天堂去了，附近根本就没有厨房。另外，谁来吃一个癌症晚期病人做的食物呢？因此，我这个愿望几乎是不可能实现的。

我说，谢谢你对我的信任，我明白你的愿望了，让我来想一想。

几天以后，我找到她，说，我能帮助你实现愿望。

那个女人瘦弱而苍白的脸庞因为过分的激动而显出病态的酡

红，她伸出枯枝一样的手，哆嗦着说，真的吗？

我说，千真万确。现在，你只要定好菜谱，我们就可以开始了。

她不相信，问，灶台在哪里呢？

我说，我已经和医院的厨房说好了，他们会空出一个火眼，专门留给你操作，甚至还给你准备了雪白的工作服。你可以随时使用这个炉灶，它从现在开始就属于你了。

那个女子高兴极了，好像是剑客得到了一柄好剑，两眼闪光问道，那么，我所用的食材和调料如何采买呢？您知道，我已经没有力气走五步以上的路，出不了医院大门的。

我说，我会为您派一个助手，完全听您调遣。您需要什么样的蔬菜和肉类，还有特殊的调味品，只要您列出来，他就会按照您的意思一丝不苟地去准备。他一定会像您亲自去采买一样，让您满意。您要是不满意，他就再去寻找，总之，一定做到尽善尽美。

女厨师很高兴，但还不放心，说，我还有一个问题。我现在体力不支了，一桌菜最少要有八道，可是，我一顿做不出来那么多，只能一道道来做。这样是否可以呢？

我说，当然可以，一切以您的身体承受力为限。

女厨师说了这么多话，似乎把全身的力气都用完了。她把眼睛闭起来，许久许久都没有睁开，我几乎以为她再也不会把眼睛睁开了。虽然，我知道这是不会发生的，她的愿望还没有完成，她不会轻易到死神那里报到。

果然，停顿了很长一段时间之后，她缓缓地睁开眼睛。眼帘打开的速度是如此缓慢，简直像拉开一道铅制的闸门。她说，医

生，我知道你是在安慰我。

我说，这不是安慰，你将完成的是一桌真正的宴席。

女厨师凄然一笑说，好吧，就算是一桌真正的宴席，可是，谁是食客？谁来赴宴？谁肯每天只吃一道菜，遥遥无期地等待着一场没有时间表的宴会呢？

我说，我已找到了食客，他会吃下你做的每一道菜。

医生说到这里，就安静下来，好像他的故事讲完了。

我说，后来呢？

医生说，开始了。

我说，能吃吗？

医生说，真的有人吃了。

我说，好吃吗？

医生迟疑了一会儿，说，那个人告诉我的真实感觉是：刚开始，她做的菜还算是好吃的。虽然女厨师的味蕾已经完全损毁，虽然她本人根本就没有任何胃口，但女厨师凭着经验还是把火候掌握得很准，调料因为用的都是她指定的品牌，她也非常熟悉用法、用量。尽管她不能亲口品尝，各种味道的搭配还是拿捏得相当不错。不过，她的体力的确非常糟糕，手臂骨瘦如柴，根本就掂不动炒勺，她又坚持不让助手帮忙，结果食材受热不均匀，生的生，煳的煳。到后来，女厨师的身体急剧衰竭，视力变得模糊了，她的烹调受到了很大限制，很多调味品只能是估摸着投放，菜肴的味道就变得十分怪异了。尤其有一道主菜，需要的用料很复杂，她开列出的单子，足有一尺长。我分派给她的助手向我抱怨多次了，说按照女厨师的单子到市场上去采买，去的是她指定

的店铺，买的是她指定的品牌，产地和品种都没有一点儿问题。可拿回来之后，她硬是说不对，让助手把原料统统丢了，重新再买。助手说，我真不知道这是怎么回事。她的癌症是不是已经转移到了脑子？

我安慰厨师助手说，你是在帮助一个人完成最后的心愿，你要用最大的耐心来做这件事。

助手说，这个工作要持续多久呢？我都要坚持不住了。

我说，也许不要很久，也许要很久。不管多久，我们都要坚持。

我忍不住插嘴问，那你们究竟坚持了多久呢？

医生说，二十一天。从女厨师开始做那桌菜到最后她离世，一共是整整三星期的时间。我记得很清楚，开始是在一个星期六，结束也是在一个星期六。星期天的时候，她的丈夫来找我，说女厨师在清晨的睡梦中非常平静地走了。女厨师前一晚临睡前说非常感谢医生，并让自己的丈夫把一封信送给我。

我刚要开口，医生说，你想问我那封信里写了什么，对吧？我可以告诉你，那其实不是一封信，只是一个菜谱，就是那道没有完成的主菜的菜谱。女厨师的丈夫说，女厨师很抱歉，她不是不能做出这道菜，之所以让助手一次次地把材料放弃，是因为她知道自己已经没法把这道菜做得非常美味，实在是心有余而力不足。为吃菜的人考虑，还是不做了吧。为了弥补遗憾，就把这道菜谱奉上，转给食客，以凑成完整的一桌。

我说，那些菜肴都是谁吃下的呢？

医生说，我。每次都吃得非常干净，从没有剩下过一片菜叶。

不回首

　　原以为一辈子都不会同警察打甚交道，信念源自本人一直是奉公守法的公民。

　　一次出差刚回，电话里有陌生口音对我说，他们是北方某省某县的刑侦队员，要尽快同我一谈。几天前，那里的荒山上发现一具无名女尸，经查，是我的一位亲密女友，被人残忍地杀害了。按照规定，案子由他们破，于是他们匆忙到北京来了，现需多方面收集情况。

　　那一刻，如蟒缠身，清平世界鲜血迸溅，眼前一片紫褐。许久，我举着话筒说，当然……我愿意提供我所知道的一切……只是，她被残害的这段时间，我不在北京……不知陈旧的往事，对你们可有帮助？

　　刑侦队员说，她的书架上，你的书被摆在非常显著的位置，亲属都说你是她最好的朋友，可见关系非同一般。我们现在需要了解有关她的一切，包括思维和习惯。

　　我说，好，我这就到你们那里去。

　　刑侦队员说，不，你到我们这里来，不妥。

　　我惊讶，为什么？

他们说，一般人对公安局特别是刑侦部门特别敏感，以您的知名度，到这里来，也许会被认出，人们将传说作家被公安局叫去了……如果他们了解事情的全貌，自然没有什么。但目前正在侦破阶段，外界几乎一无所知。为了给您减少不必要的麻烦，咱们另选一个地方吧。

我说，谢谢你们考虑得这般细致，但我绝没有你们想象的那般路人皆知。再说，就是被人认出，为了朋友和你们的工作，我也不怕。

他们坚持，保护你，也是我们的职责。

我说，那么，请你们到我家来做客，好吗？

电话的那一端笑了，是那种很淳朴很年轻，略带一点北方口音的笑声。笑完之后，他说，谢谢。但是，不行。

我奇怪了，问为什么呢？怕不安全吗？

刑侦队员忙说，您误会了。我们之间将要谈论的问题，严峻沉重，充满血腥和暴力。如果在您家里进行这种谈话，那种阴郁的气氛，会在我们走后长久地存在，影响您的安宁。再者，因为不知道谈话会进行多久，您让家人长时间地回避，也会带来种种不便。我们另找一个中性的场所吧。

我很感动他们为普通人设想的这份周到，一时竟不知说什么好，只有恭敬不如从命了。

第二天，我按时到达约好的地点，那是一间不引人注目的朴素办公室，寂静整洁。初见面，见他们的面容比电话里的声色所显示的年轻，沧桑许多。要不是已熟悉的乡土口音，我几乎怀疑自己认错了人。但相处一会儿之后，不难识别出他们被奔波和疲倦掩盖着的真实年龄。

谈话涉及好友生前的音容笑貌，使人肝胆欲碎。加之我断断续续地得知，这些来自北方小县的刑警，已经几个月没领到工资了。此次到京城办案，所带的几千元经费，还是从县政府借的。他们住的地下室，前晚刚进了水。吃饭也很成问题，如果他们正在连续调查情况或是讨论案情，就会忘了这件事。如果胃逼着他们想起腹中空旷，就像街头挖管道的民工，随便找个小摊，蹲在那里，凑合一顿。

不由心重如铁。

谈话临近结束时，我说，你们知道，我并非死者的亲属。而且，案发当时，我一直在外地出差，有充分的证据表明我不在现场，与这件案子无关，因此可以肯定我不是凶手嫌疑人……

一直冷静镇定运筹帷幄的刑侦队长，第一次露出迷茫的神色，说，大姐，您这是什么意思？

我说，我想捐一点钱，为案子的侦破帮一点忙，也算我对九泉之下死不瞑目的朋友，尽一点微薄的心意。请给我这个机会。

刑侦队长握着我的手说，大姐，我们有纪律，不能收您的钱。但是，您放心好了，富也办案，穷也办。我们一定会为死者报仇雪恨，把凶手捉拿治罪。以前我们那儿这类案子的破案率是百分之百，这一次，凶手定难逃法网。相信我们，请给我们时间。

分手的时候，我没有回头，不再用目光同他们告别。我知道，对于年轻的警察来说，公民的每一次注视，都有凝重的分量。他们已力负千钧。

用心触摸
世界的
温暖和美好

无法投递的
礼仪电报

初次见面，那位外地来调查情况的刑警连连说，不好意思啊，耽误您休息，今天是"六一"，还要找您谈工作。

我一边同他握手，一边暗中好笑，都是老大不小的人，马上进入正常工作就是了，至于今天是不是儿童节，有什么重要呢？

交谈中他无意说到，他所在的那个偏僻的小县，已经四个月没给大家发工资了，这次到北京办案，连上路的盘缠钱都要从别的单位现借。我听了，很有几分心酸，担忧他们的效率受影响。他看出我的心思，笑笑道，这没什么，你看我们不是照样生龙活虎地办案吗？一定会捍卫正义，严惩邪恶！当我欣慰起来，他又很突兀地说道，今天是"六一"啊。

我便有些扫兴地敷衍道，是啊，是"六一"。

调查继续。他飞快记录着，十分投入。但时有片刻间的恍惚，好像思绪一下断裂，幸好紧接着又焊上了。他思维周密，逻辑严整，看得出很有经验。只是每过一段时间，会情不自禁地嘟囔一句，今天是"六一"啊。这句话就像闸门一样，阻隔在他行云流水般的工作节奏里，让人纳闷。

刻板的程序终于结束，因为顺路，我们先走向他的住处。他说那是地下室，十分阴湿。我说，住的时间长了，关节会痛的。他说，我们出差的住宿费只够住这儿，好在我年轻，没什么。只是，今天是"六一"。

我终于忍不住问道，"六一"有什么特别的含义吗？

他的眼珠立刻因为眼皮有微微的水汽渗出而晶莹起来，说，"六一"是我女儿的生日啊，她今天满十三岁啦。打她一出生我就干警察，没有一个生日陪着她过，原本说今年一定要陪，没想到又不行。

身旁恰好有一家公共电话亭，我立下不走，说，快，给你女儿打一个电话吧，先向她赔个不是，再祝她好。

刑警依旧不疾不徐地笔直迈向地下室，看也不看那一排严阵以待的电话机。

我知他钱物窘迫，便说，话费由我来付，就当我送你女儿的一件小小礼物，好吗？

刑警回头笑了，说这点钱我还是有的，只是今年儿童节我在北京办案，可以给女儿打个电话祝贺生日，明年此时呢？我若是在深山老林里，能让老虎给她带个口信吗？刑警的孩子，不惯这毛病。

我们在霓虹灯下的地下室门口告辞，彼此客气地道了再见。公务已经结束，没有极特别的情形，我们都知道，萍水一别，再不相逢。

我独自回家，经过邮局，我走进去，填写了一份生日礼仪电报，上面写着："爸爸在北京，遥祝你生日快乐！"

我不知这么做，是否忤了那位敬业而执拗的刑警本意，但我

希望远方那个祈盼父亲的女孩，颊上会荡起两个深深的旋涡，哪怕片刻。

邮局的小姐接过电文，仔细核对了地址后对我说，对不起，您的电报无法投递。

我失声道，为什么？

因为那里太偏僻了，至今不通这种生日电报。穿绿制服小姐柔声解释着。

我望着精心挑选的贺卡上的鲜花和灯笼图案，只有面向西北边陲，用心灵的电波将它发送，寄去对一个山区女孩的祝福。

佑护灾难中的孩子

朋友给我讲过这样一个故事。

一位年轻的母亲，抱着三岁的女儿，乘坐长途汽车。旷野的高速公路上突然起了浓雾，气团包抄过来，好像牛奶翻滚。司机就把车靠在紧急停车带，耐心等待。过了许久，雾渐渐稀薄些，为了赶时间，司机就上路了。雾大，管理站封锁了高速公路，路面上几乎没有一辆车。司机就很放心地加快了速度。惨案就在此时发生。当司机发现前面有一辆货车抛锚时，尽管把刹车全力踩死，客车车头还是拱入了货车车厢。

货车上满载着的钢筋，在客车巨大的惯性之下，化成锋利的长矛，将客车前三排座位齐刷刷戳透，无数鲜血喷溅而出……

那位抱着孩子的母亲，当场死了。也许是生命的本能，也许是冥冥中的神灵指点，总之在那电光石火的恐怖刹那，母亲把女儿猛地往下一压，一根钢筋擦着小姑娘的头皮刺了过去，小女孩连一根头发都没有伤着。

客车停住了，后排座位上幸免于难的人们，在庆幸自己命大的同时，竭力抢救着前排的乘客。

听人说，那三岁的小姑娘，爬起来仔细地看了看自己的母亲，

第一句对别人说的话是——我妈妈流了这么多的血，她死了。

她默默地看着人们翻动妈妈的尸体，过了一会儿，当人们放弃抢救的希望，抱起孩子时，听到她清清楚楚地说的第二句话是——我妈妈死了之后，我不要后妈。

给我转述这个悲剧的朋友发着感慨：你看看如今的孩子，真是小精灵！当时就知道她妈妈死了，也不哭。然后马上就想到了后妈的事，心眼儿可真多啊！都是看电视学来的。大伙儿听说了，都不信这么大的孩子，就这么能琢磨。有的人不信，后来见了面就当场试验，问那孩子，你知道发生了什么事吗？

我说，那孩子是怎么回答的呢？

朋友说，还真像别人学的那样，你一问，那小姑娘就说，我妈流了好多好多血……一下子就死了……我听见头顶上"轰"的一声……我不要后妈……

我说，后来呢？

后来问的人太多了，小姑娘好像觉出了什么，就不说了。什么都不说，充满仇恨地看着你。

我说，事件怎么处理的？

朋友说，客车和货车打官司，都说对方的责任大。死者家属不让火化尸体，人就一直在冰柜里冻着。为了催促解决，死者家属联名上访，拖家带口地集体告状……

我焦虑地问，在大家做这些事的时候，那个小姑娘在哪儿呢？

朋友说，她在哪儿？她还能在哪儿？当然是跟着她爸爸了。大伙说什么，她就听着呗。上访的时候，大伙儿教她跟领导说，要是不赔我们家钱，就不把我妈妈从冰柜里拉出来。

我说，小姑娘说了吗？

朋友说，她说了啊。她爸、姥姥、姥爷、爷爷、奶奶都让她这么说，她哪能不说啊。你还别说，这孩子一出动，哀兵动人，就是管事。领导当时就批了——从厚抚恤。家里人领了一笔钱，后事就办了。

我说，后来呢？

朋友说，还有什么后来？后来就一切都结束了呗！该上班的上班，该上学的上学，各就各位。

我说，那个小姑娘呢？

朋友说，不知道，可能一切都好吧。

我的心，被搅得深深不宁。直觉告诉我，绝不是一切都好！在那个女孩身上，发生了巨大的断裂和混乱。

我相信那个聪慧过人的小姑娘，会对她三岁时经历的这一惨案，留下刻骨铭心的记忆。

也许她会遗忘，忘得一干二净。从此，不记得那喷溅流淌的滚烫鲜血，那呼啸而过的恐怖之声，那骨肉横飞的悲惨场面，那被人传授的鹦鹉学舌……这些悲怆的恐惧和突然的失落，被人体的本能的保护机制，不由分说地压入了混沌的潜意识。

一片空白。因为这种猛烈的负面刺激，业已远远超过了一个幼童的心灵所能承载的负荷。然而，空白之下，依然汩汩地流淌着不息的血流。未经妥善处理的哀痛，绝不会无声无息地消解。它们潜伏在我们心灵的最底层，腐蚀着风化着灵魂的基石，日日夜夜睁着一只怪眼，折磨着我们永无安宁。

也许她什么都记得，但她什么都不说。对一个孩子来说，顿失母爱，是多么严酷陡峭的跌落！没有人能够替代母亲温暖的怀抱，没有人能够补起塌陷的太阳。孩子的世界，在这一瞬永远地变了颜色！从此，她沉默寡言，自卑自弃或是自怜自恋，她怨天尤人，不能从容接受别人的爱，也不能慷慨施与他人以爱，乖戾暴躁喜怒无常……世上游荡着一个冷漠孤寂的独影，到处洒下点点凄苦的清泪或是——永不流泪。

当然，事情也许会有另外的可能性，但我不敢盲目乐观。上述的发展趋势，并非危言耸听。我们曾在无数成人的心理障碍中，看到幼年不幸的浓重阴影。

天灾人祸之中，谁是最痛楚的受难者？是失去丈夫的妻子，还是失去妻子的丈夫？是失去子女的父母，还是失去父母的子女？

这样的比较，也许最终是无法完成的，旋涡中的每一个人都椎心泣血。但我还是要说，那个三岁的女孩，是最最需要佑护的人啊！

因为她稚弱，因为她敏感，因为她聪慧，因为她是惨案的最近目击者，因为她的心灵是一朵刚刚孕育的蓓蕾。

也许她的身上没有血痕，但我知道，她的心被洞穿。也许她的神经没有折断，但我知道，她的大脑激烈震荡。也许她的视力依然完好，但我知道，她的眼前出现了拂不去的昏暗。也许她的呼吸并不困难，但我知道，她的灵魂一次次地窒息……

我由此呼吁，在一切灾难的现场，我们不但要在第一时间，全力救助孩子身体上的创伤，而且要最大限度地保护他们稚嫩的

心灵。尽快地将他们从恐怖的现场抱离，给他们以温暖的安全的庇护。不要诱发他们对悲惨处境无休止的回忆，不要出于成人的功利目的，将未成年人拉入处理后事的复杂局面。要由训练有素的人员，对突发灾难中的孩子，进行系统的医救和后续的治疗……

我不知那个三岁的女孩，现在何处？我希望她的家人能给予她无尽的关爱。我希望她能从悲怆中站起，我希望她安宁，享有明媚的人生。

坚持糊涂

　　我的一位远亲，住在老干部休养所内，那里林木森森，有一种暮霭沉沉的苍凉之感。隔几年，我会到那里暂住几天。我称她姑妈。

　　干休所很寂寞，只有到了周末，才有些儿孙辈的探望，带来轻微的喧闹。平日的白天，绿树掩映的一栋栋小楼，好似荒凉的农舍，悄无声息。每一栋小楼的故事，被门前的小径湮没。也有短暂的热闹时光，那是每天晚上新闻联播和焦点访谈之后，就有三三两两的老人，从各自温暖的家中走出来，好像一种史前生物浮出海面，沿着干休所的甬路缓缓散步。这时分很少有车辆进出，所以老人们放心地排着不很规则的横列，差不多壅塞了整个道路的宽度，边议论边踱着，无所顾忌地传播着国家大事和邻里小事……大约一个小时之后，他们疲倦了，就稀落地散去。

　　我也有晚饭后散步的习惯，跟在老人们背后受限，超过他们又觉不敬，便把时间后移。姑妈怕我一个人寂寞，陪我。

　　这时老人们已基本结束晚练，甬路空旷寂寥。我和姑妈随意地走着，突然看到前方拐角的昏暗处，有一个树墩状的物体移动着，之上有枝杈在不规则地摇动……

我吓了一跳，想跑过去看个究竟，姑妈一把拽住我说，别去，我们离远些！

那个树墩渐渐挪远，我刚想问个明白，没想到姑妈还是紧闭着嘴，并用眼光注意侧方。我又看到一个苗条的身影，像狸猫一样轻捷地跟随着树墩，若隐若现地尾追而去……

那一瞬，我真被搞糊涂了。在这很有与世隔绝感的干休所，好像有迷雾浮动。

拉开足够的距离，确信我们的谈话不会被任何人听到后，姑妈说：前面走的那个是苗部长，她偏瘫了，每天晚上发着狠锻炼。她特别要强，不愿旁人看到她一瘸一拐、手臂像弹弦子一样乱抓的模样，所以总是要等到别人都回家以后，才一个人出来走。大伙都不和她打招呼，假装没看见，体谅她。后面跟的那人，是她家的小保姆，暗地里照顾她，又不敢让她瞅见……

我插嘴道，那保姆看起来岁数可不小了。

姑妈说，平日说小保姆说顺嘴了，你眼力不错。苗部长以前是做组织工作的，身子瘫了，脑瓜一点不糊涂。她说保姆长期服侍病人，年龄太小，耐性恐成问题。所以，她特地挑了个中年妇女，还一定要不识字的，因为她老伴老高是搞宣传的，家里藏书很多。要是挑来个识文断字的保姆，还不够她一天看故事读小说的。这个被左挑右选的保姆，叫檀嫂，你这是晚上见她，看不清楚脸面。人长得好，也干净利落，身世挺可怜的，男人死了，也没个孩子，对老苗可好了……

第二年，我再去的时候，一切如旧，但和姑妈散步的时候，却没有看到树墩状的苗部长和狸猫样的檀嫂。我随口问道：苗部

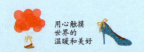

用心触摸
世界的
温暖和美好

长好了？檀嫂走了？

即使在微弱的路灯下，我也看到姑妈脸上挂着含义叵测的沉思。不知道。她说。把嘴唇抿得紧紧，好似面对刑讯的女共产党员。我也不便深问，此事轻轻带过。

再一年散步的时候，却猝不及防地看到了树墩。她摇摇晃晃得很厉害，手臂的划动也更加颤抖和无规则，艰难地挪着，每一个瞬间都可能整个扑到马路上，但她偏偏不可思议地挺进着。我马上去搜寻她的侧面，果然又看到了那狸猫样的身影，只是没了往日的灵动。待光线稍好，我看清檀嫂怀里抱着一个婴儿。

苗部长病得好像更重了。我说。

是。姑妈说。

檀嫂结婚了？我说。

没。姑妈说。

那孩子是谁的？我问。

苗部长生的。姑妈说。

我差点摔个大马趴，虽然脚下的路很平。我说，姑妈，你不是开玩笑吧？且不说苗部长有重病，单说她多大年纪了？早就过了更年期了，怎么还会有孩子？

姑妈说，苗部长退休好几年了，你说她有多大年纪？孩子吗？老蚌含珠，古书上也是有记载的。去年，苗部长和檀嫂很长时间不出门，后来他们家就传出了月娃子的哭声……

我说，是不是……

姑妈堵住我的嘴说，天下就你聪明吗？苗部长说那娃娃是自己生的，谁又能说不是？我们这儿的人，什么都不说。

我也什么都不说，等待着那一对奇异的散步搭档再次路过我们身旁。这一回，我站在半截冬青墙后，仔细地观察着。苗部长的面容是平静和坚忍的，她用全部身体仿佛在说着一句话——我要重新举步如飞！檀嫂是顺从和周到的，但从她抱着孩子的姿势中，也透出浅浅的幸福之意。

我什么也说不出来。

过了两年，再去姑妈那里，散步的时候，又不见了树墩和狸猫。我问姑妈，苗部长呢？

去世了。姑妈淡淡地说。

我猛地想起"三言二拍"中常说的一句话：奸出人命赌出贼。紧张地问，请法医鉴定了吗？

姑妈好生奇怪地反问我，请法医干吗？苗部长在医院住了很长时间，檀嫂服侍得非常周到。去世的时候，她拉着老高的手，说自己非常满意了，并祝老高幸福。还拉着檀嫂的手说，谢谢，最后她是亲吻着那个小小的孩子离世的。

我说，后来檀嫂就和老高结婚了，现在很幸福，对吗？

姑妈说，是的，你怎么知道的？

我说，这件事再清楚不过了，只要有七十分的智商就能理出脉络。你们这里的人都不明白吗？

姑妈微笑着说，我们这里的人，戎马一生，几乎每个人都杀过人，可是我们都不想弄明白这件事。这事里没有人不乐意，对不对？老高要是不乐意，就没有那个孩子。苗部长要是不乐意，就不会承认那个孩子是自己生出的。檀嫂要是不乐意，就不会那么精心地服侍苗部长那么长的时间……坚持把一件事弄明白不容易，始终把一件事不弄明白，坚持糊涂也不容易，你说是不是？

我深深地点点头。

靠近阳光、天空和云朵

我喜欢纯真朴实的年代，敬佩坦荡勇敢的人，喜欢让自己的
汗水在土地里生根发芽，长出金色的麦穗，不是用于炫耀光
芒，而是在暗夜中照亮你我安详的脸庞。

夏天别忘穿棉袄

1969 年，我们五个女孩，有幸成为西藏阿里军分区第一批女兵。刚刚到高原，要给家人寄一张平安照片，于是我们爬上了卫生科的救护车。那是一辆苏产的嘎斯车，算是很现代化的装备了。我们的背后，是皑皑的雪山。我们的面前，是大名鼎鼎的狮泉河。

我注视着狮泉河。它是印度河的上游。在寒冷而不结冰的日子，狮泉河是温顺而峻削的，如一把银闪闪的藏刀，锋利地切割着高原峡谷，蜿蜒向远。它以水的纯粹震慑了我，那是一种至高无上的洁净状态。当你看到一小支蒸馏水的时候，会惊讶它的透彻；看到一瓶矿泉水的时候，会叹息它的清爽；当你注视着滚滚而来的大河，在黎明时分，在阳光闪烁的金斑触摸下，你如同与一条通体透明的神龙对视。你平凡的目光，可以洞穿它每一个旋涡的脏腑，分辨出每一块卵石的纹路。那一刻，你会感到水的至清无瑕，有一种巨大的压榨性的净化。

人的精神是从哪里来的？我以为很大一部分，甚至关键性的启示，是从大自然而来。人在年轻的时候，能够和自然如此贴近，远离城市，孤独地走进自然的怀抱，你会在一个大的恐怖之

后，感到大的欣慰。你会感到一种力量，从你脚下的大地和你头上的天空，从你身边的每一棵草和每一滴水，涌进你的头发、睫毛、关节和口唇……你就强壮和智慧起来。

读书也会使我们接触这些道理，但是我们记不住它。大自然是温和而权威的老师，它羚羊挂角不露声色地把伟大的关于生命和宇宙的真理，灌输给我们。

你在城市里，有形形色色的传媒，有四通八达的因特网，有权威的红头文件和名不见经传的小道消息，摩肩接踵，耳濡目染。你几乎以为你无所不能，你了解整个世界。但是，且慢！在人群中，你可能了解地球，但你永远无法真正逼近——什么是宇宙，这样终极的拷问。

你必得一个人和日月星辰对话，和江河湖海晤谈，和每一棵树握手，和每一株草耳鬓厮磨，你才会顿悟宇宙之大，生命之微，时间之贵，死亡之近。

我以为在很年轻的时候，有机缘迫近这番道理，是一大幸运。你可以比较的眼界开远，比较的心胸阔大，比较的不拘一格，比较的荣辱不惊。

顺便说一句，那天照相的时候，虽然在日历上是属于夏季，但女伴们都穿着棉袄，只有我例外。我在想，若是把夏天穿棉袄的照片寄回家，我妈妈会伤心的，她会说，那个地方怎么这么冷啊？于是，我忍着寒冷，坚持穿绒衣，外面罩着小翻领的单军装。

我们把照片寄走。很久之后，军邮车带来了家人对我们在高原所摄照片的反馈。我记得很清楚，妈妈说——为什么别人都穿得挺严实，你却耍单？我知道阿里有多冷，记着啊，夏天也要穿棉袄。

穿上白生生的羊绒衣

那时候我十六岁，在西藏当兵。

牧场上，常常可以看到牧民在纺羊毛。左手拿着一个枣核形的线棰，上面别着一个发卡样的小工具，右手从羊毛堆里拈出一个头，缠在工具上一旋转，羊毛就像被施了魔法，乖乖地把原本藏在自己身躯里的毛线吐了出来。

纺羊毛的姿势很美，甚至可以一边走一边纺。于是牧民背上的羊毛堆渐渐缩小，最后终于消失在高原透明的蓝色空气里了。而手中的线棰则像一个贪吃的胖子，肚子膨胀起来，绕满了均匀细密的毛线。

一天，女兵里年长又最心灵手巧的小如说："我们自己来捻毛线，再染上颜色，再亲手织成毛衣，自己穿或送人，是不是都很别致？"

大家都乐意一试。

第一步是筹措羊毛。几天以后，每人都搜集了一麻袋。

小如找来的都是雪白的山羊毛，又轻又软，好像一朵朵飘柔的云彩。她说这些羊毛不是用剪子剪下来的，是请牧民用手，从羊肚子下面最暖和的地方抓下来的。许多年之后，我才在书上看

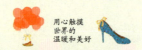

到，这种山羊身上最细软的小毛，叫"羊绒"，被人视为"软黄金"。我敢肯定小如当时并不懂这些，她只是凭自己的聪慧和直觉做出选择。

我的麻袋里黑毛也有，白毛也有，像一盘鏖战中的围棋。粗糙的硬毛夹杂其中，松针般挺立。小如说这种毛织出衣服会很扎人。我满不在乎地说，我早打算好了，织毛袜子，不怕扎。

我们跃跃欲试地预备捻线。小如说："别忙，羊毛还得洗呢。你们愿意穿着自己织的毛衣走过去，人家耸着鼻子说，怎么这么膻？"

我们就到狮泉河边去洗羊毛。

狮泉河浪花飞卷，好像无数狮子抖擞雪白的鬃毛，逶迤而来。

羊毛真的很脏，夹杂着粪球和草棍，还有纠结成缕的团块。雪水浸得我们十指冰凉，腰酸背疼。稍不小心，裹着水的羊毛就像一座浮岛，驾着波涛漂向下游的印度洋。

我看着渐渐远去的羊毛说："完了！我的羊毛袜子要少织一个脚指头了。"大家就笑我说，袜子也不是手套，不分指头的。

小如奋勇地抢救她漂走的羊毛，几次险些跌进河里，裤腿全打湿了。往回走的路上，棉裤结了冰，咔嚓嚓发出玻璃纸的声音。我们笑她舍命不舍财，她说要织的毛衣很大很大，只怕这些羊毛还不够呢。

洗净的羊毛要晾干。羊毛湿的时候还挺乖，熨帖地伏在地上。但阳光使它们蓬松起来，轻盈起来。假如这时候刮来一阵风，它们就会像团团柳絮，飘飘然飞上冰峰。

我们只好像八脚蜘蛛一样，手舞足蹈地护卫着自己的羊毛，样子很狼狈。

总算可以开始纺线了。那活看起来不难，真干的时候，才发现很不容易。顾了捻线就忘了续羊毛，线就越来越细，像旱天的溪流，无声无息地断了。我捻的毛线又粗又硬，还疙里疙瘩地有许多接头，被大家称为"等外品"。

小如纺出的可是优质品，又白又细又匀，好像有一只银亮的巨蚕潜伏在她的羊毛堆里，忠实而勤勉地为她吐出美丽柔韧的长丝。

不管怎么说，我们每人都有了几大团毛线。

下一个步骤就是染线了。

先用脸盆盛水把颜料煮开，再把线桄浸在染液中炖。听着世界屋脊摇撼天地的罡风，看着炉子上一大盆冒着血红或是翠绿气泡的沸水，真有身在魔鬼作坊之感。

为自己亲手捻的毛线挑选颜色，是一件很惬意的事情。

"我打算把毛线染成玫瑰红。你们想啊，在藏北的雪原上，我踩着一双玫瑰红的羊毛袜子，是多美丽的图画啊，简直有童话的味道……要不我就染成迎春花的明黄色……要不我干脆要大海的碧蓝色吧……"我充满神往地说。

小如毫不留情地泼凉水："你把黑羊和白羊的毛捻在一起，颜色已经混浊不堪。你说的那些娇美颜色都染不成，只有老紫或是深墨绿还可凑合。染成黑色最保险。"

我只好自我解嘲："嗨！反正是袜子，踩在脚底下，谁也看不到，什么颜色无所谓。"

大家都很关心小如的毛线染成什么颜色。没料到她沉思良久

说："我什么颜色也不染了，就要这种白羊毛的本色。染的颜色再好看，天长日久终会褪色。唯有天生的颜色，永不会改变。"

虽说小如讲的很有道理，大家还是把毛线染成各种颜色了。主要是我们第一道工序没做好，毛线已不能保持洁白，只有靠染色来遮丑了。

我把线染成黑色，油亮亮的，像乌鸦的翅膀，也很好看。

织毛线活了。大家不再彼此商量集体行动，开始单干。这个给妈妈织条围巾，那个给爸爸织条毛裤。在漫漫长夜里，无声地围着高原的炉火，独自抱着线团，遥想着亲人的面庞，飞针走线。

我不会织，就向小如请教。她埋着头织自己的伟大工程，匆匆忙忙给我写了一张织毛袜的要领，依旧嘟囔自己的针法："一针上两针下，两针并一针……"

她织的毛衣很大，图案复杂，难怪要不停地念念有词，生怕织错了花样。

我打趣地说："这么认真，是给谁织的呀？"

小如说："给一个人呗。"

我刨根问底："给一个什么人呢？"

"给一个你不认识的人啊。"她搪塞我。

"他在哪里呢？"我穷追不舍。

"他在一个很远的地方。"小如看着天边的雪山，雪山像银亮亮的锡箔绞成的图案，山上有我们的边防站。

"我现在不认识他，以后会不会认识呢？"

小如想了一下说："我要是向你介绍他，你就会认识他。我要是不说，你就永远不会认识他。"

我胸有成竹地笑道："小如姐，你错了。你就是不告诉我，日后在茫茫人海中，只要我遇见了，就会一眼认出他来。"

小如停下手里的毛衣针，温柔地露出白牙，说："看把你能的，我才不信你能认出他来！凭什么呢？"

我说："就凭这件白生生的羊绒衣啊。在当今这个世界上，可有一件羊绒衣，是这样自采自捻自洗自织自编花样造出来的吗？你设计的这个图案，天底下再没有第二份了。"

小如不语，只是嘻嘻地笑。

那件原白色的羊绒衣上，镂空地织着两颗套在一起的心，还有许多山和雪花。

用心触摸
世界的
温暖和美好

奶奶的
灵丹妙药

　　高原上的人，不聪明，以为只有农民才吃新鲜的东西，而比较讲究的是吃加工过的食品。比如认定罐头里的苹果，一定比刚从树上摘下来的高级。这样，我们一到阿里，听说没有绿色蔬菜吃，除了脱水菜就是罐头，女兵们简直高兴极了。

　　说实话，罐头食品刚吃的时候，口味相当不错。特别是水果罐头，最大的优点是可以把天南地北不同节气的果子，集中在一起，大饱口福。你可以刚吃了一口河北赵县的雪花梨，马上就塞两腮帮子福建厦门产的名叫"妃子笑"的红荔枝。喉咙里广西的香蕉还没咽下去，立刻又被陕西的苹果噎得翻白眼……阿里有个优良传统，大伙儿都善待新来的弟兄，好让他们早些适应高原。老同志慷慨地把自己积攒下的水果罐头拿出来大宴我们，我们也就懵懵懂懂地吃了个够。

　　后来才知道，士兵每个月的罐头定量是一公斤半。军用罐头胖墩墩，圆滚滚，体积庞大，每个净重一公斤。也就是说，每人每月按规定只能领到一筒半罐头。罐头当然不能锯开来，变通的办法是，或者每两个月领一次，一回可得三筒。或是两个人成立个互助组，合在一起领。

起初我们采取的是第二个方案，自由结合，我和果平是一组。领罐头的时候，兴高采烈。你想啊，要是自己一个人，又想要菠萝又想要蜜桃，很容易顾此失彼，遗留长久的遗憾。两个人合伙，挑选余地大，众人拾柴火焰高，品种花样就齐全多了。我俩手挽手地领回苹果、香蕉、橘子各一筒，取其南北结合甜酸搭配。摆在桌子上，亮锃锃的一排，好似一列威武的锡兵（注意啊，军用罐头和街面上卖的罐头可不一样，没有那些花花绿绿的包装，朴素的白铁皮外衣，像是镀了一层银）。计划一个星期吃一筒，调剂胃口，只是这样算下来，月末就会有一个星期断了粮草。不过我们都很乐观，心想那是二十多天以后的事了，对于年轻人来说，那是个遥远的日子。再说那时已临近下个月发罐头的日子，曙光就在前头，等待的滋味也就比较好忍了。

　　罐头领回来以后，我和果平眼巴巴地看着从属于自己名下的这么多物资，不禁摩拳擦掌，口舌生津。我们几乎异口同声地说，吃掉一筒吧！

　　意见高度统一，立即行动起来。看着整齐的三个锡兵，第一个问题是——先吃谁呢？

　　没想到我俩分歧甚大。果平想吃苹果，我却对橘子情有独钟。争论的结果，谁也不愿妥协，但也不忍心伤害对方。最后达成协议，折中一下，先吃香蕉罐头。

　　一截截的断香蕉泡在浑黄的水里，味道尚好，只是形象很不雅，容易使人想起某种排泄物。它还有一个致命的缺点，就是罐头汤不好喝，有一种令人懊恼的泔水味。要知道水果罐头除了吃固体物，喝汤也是至关重要的享受，甚至比果肉还美味。比如梨汤可以治咳嗽，橘子汁简直就是玉液琼浆。

吃完香蕉罐头，我俩抹抹嘴，意犹未尽。但谁也不好再说什么，已经提前完成了这个星期的指标，舌头的渴望，只好到下个星期的此时才能满足。

我们开始看《卫生员手册》，以抵挡肚子里馋虫的呼唤。半个小时后，果平抬起头，皱着眉对我说，哎呀呀，胃不好受。

我们那时刚学了一点医学知识，果平已经不用老百姓的语言，说是"心口痛"，而是很准确地指着自己的胸骨下方，说胃疼。我吃了一惊说，那可如何是好？我赶紧去找医生吧。要是需要吃药，我这就给你把开水凉上。要是需要针灸呢，我保证给你挑一枚又细又长的新针，一下子就扎进你的穴位……

果平吓得叫起来，说，我的好姐姐呀，你怎么这么狠！就没有什么好一点的治疗方案了吗？

我劝她道，良药苦口利于病哇！

果平忸忸怩怩地说，我这也是个老病根了，在家的时候就常犯的。我奶奶有一个偏方，可不似你的招数这般吓人，又舒服又好吃，一咽下去，药到病除。

我的胃从来没疼过，简直是个铁胃，所以就格外同情胃难受的人。听说古代的美人西施就是因为得了胃炎，才整天愁眉苦脸地捂着胸口，成了无数人们爱怜的对象。果平若是也一直痛下去，就得成了效颦的东施。

我忙说，那是什么药？我们这里可有？

果平的眉梢挑起来，连连说道，有啊，就在你身边，怕你舍不得。

用心触摸
世界的
温暖和美好

我越发听不明白了，说，我哪里有这样的灵丹妙药？

果子一指还剩两个的锡兵说，就是苹果罐头啊。

我大笑起来，说果平你要是馋得忍不住了，就如实招来，犯不上做出这鬼样子吓我。

果平一本正经地说，真的不是骗你。我奶奶每年冬天都要在麦仓里藏上一些苹果，都是又大又红一个虫子眼也没有的。我心口一疼，她就从仓里摸出个苹果，在灶里的热灰中焐熟了，用小勺子挖了苹果心喂我，又热乎又香甜，甭管我疼得多厉害，一个熟苹果下肚，立马就不疼了，要多灵有多灵！

我听得发呆，心想偏方治大病，还是有讲究的。我为难地说，果平，只是你奶奶这种焐熟的糊苹果，我们到哪里去找？

不想果平胸有成竹，说你把苹果罐头打开，我自有办法。

我就拿了罐头刀，吭吭地打开了第二个锡兵。这是一种个头很大的苹果制作的罐头，里面只盛了三块就满满当当。我把罐头推到果平面前，说，前期准备我已完成，后面如何操作，就看你的了。

果平虽然胃疼，但看到渴望已久的苹果罐头，立刻恢复了活力。几乎一跃而起，手脚麻利地拿过我的刷牙缸，把我的牙刷牙膏叽里咕噜地倒出来，腾出一个空杯。然后用一把勺子滗着，以防苹果块掉出来，倾斜了罐头筒，把苹果罐头汁倒进我的牙缸。她走到炉火前，把火苗拨拉得更旺些，然后把存着半筒苹果块的罐头筒，炖在炉子上。

窗外是藏北高原呼啸的狂风，屋内是熊熊的炉火。我们无声地注视着火焰上的锡兵，有温暖而甜腻的蒸气从锡兵的头上冒出来，好像还染着粉红色苹果花的光彩。筒底剩的果汁原本就不多，火力猛攻之下，不一会儿就有了干锅的喳喳声，果香的味道也越发浓烈起来，有点像关东糖，空气都变得黏起来，仿佛能拉出丝。我有些焦急，心想再不赶快抢救，马上就要糊锅了。果平依然不慌不忙，取了小勺，轻轻地翻动着筒内的果块，上下搅拌着。不时地以勺为杵，捣药的玉兔一般用力戳着渐渐柔软的苹果糊……

屋内现在弥漫的空气，已经不完全是苹果的味道，有了一种略带呛人的烟熏火燎之气。果平扶起锡兵的耳朵（那是我挑开的罐头盖，支棱在一旁），把它放在地上。和屋外荒凉大地连在一起的室内地面，无论炉火怎样燃烧，都顽强地保持着冻土的温度。火热的锡兵一站在上面，立刻像红铁在冰水中淬火，激起团团蒸气，好像披上了白色的伪装服。等了许久，白雾才姗姗散去。果平把锡兵请上桌面，热情邀我，好了，吃吧。

我说，吃什么？

果平说，烤苹果。

我说，我不吃，这是你辛辛苦苦制出的药啊。

果平说，那我一个人也吃不了这么多啊。

我说，那你就加油吃，这回多吃点，没准你的病就去根了。

果平抽着鼻子，被焦煳的苹果所陶醉，见我无心于她的药，也不再谦让，说，那你喝苹果汤吧。

我用刷牙缸子和果平的锡兵碰杯，那是一种很奇怪的声响，闷闷的，好像两个聋哑人在拥抱。

那一大缸子罐头苹果汁，只喝得我像一个溺水身亡的人，肚胀如鼓。我非常愤恨果平的粗心大意，她没有把我的刷牙缸子洗干净就草率行事，结果是我的舌头每品尝一次苹果的香气，都顺便领略一回牙膏的怪味。

果平一边用小勺舀着糊苹果，一边心满意足地抚着胸口说，苹果罐头没有我奶奶焐的好吃，但是在这离家万里的地方，能吃上差不多的东西，也就不错了。

我说，你就别说什么好吃难吃的话了，我关心的是你的病究竟好了没有？

果平说，病？什么病？

我说，你的心口疼啊。

果平一下子开心地笑起来说，你怎么和我奶奶一样好骗呢？我用这个办法，一年里，不知从我奶奶手里骗来多少个苹果。真奇怪，那个麦囤就好像是个万宝囊，我怎么吃，也吃不尽。但它只听我奶奶的话，有好几次我趁着她不在自己到里面去摸，就是摸不到，这个谜我到今天也想不通。

我气愤得大叫，好个果平，馋嘴猫！装得好像！我再也不相信你了！

我躲到一边去看书，不理果平。她在那边闹出许多声响，我看也不看。过了一会儿，我突然闻到了橘子的清香。刚开始我以为是自己想吃橘子走火入魔，鼻子作起怪来，就镇定住自己，不去想它。没想到橘子的味道越来越强烈，简直好像有一个人在你面前不到一尺的地方，种了一大片橘林，把一个奇大无比的蜜橘，像海星一般剥开，让每一瓣挂着橘络的橘肉，花一样盛开……

真有点不可思议。我把一直遮挡在眼前的书本挪开，于是我

用心触摸
世界的
温暖和美好

女王的朋友

看到了果平把我们最后一个锡兵打开了，橘瓣在金黄色的橘汁中，像一叶叶初七八的月亮，动荡着，起伏着。

我啼笑皆非，说，果平，今天已经吃得肠胃要爆炸，你这是何苦？

果平说，你并没有吃多少罐头啊。你听我来算账，刚开始我们每人半筒香蕉罐头，不过是五百克。后来的苹果，你只喝了一些汤，又能有多少？我知道你特别爱吃橘子罐头，今天我已经吃到了童年时最喜欢吃的东西，我想让你也开心。

说着，果平双手把最后一个锡兵递给我。

面对这样的朋友，你还能说什么？

尽管在后面的日子里，逢到别人吃罐头的时候，我和果平总要借故走出房间，站到冷冷的山岗上，但我们从不后悔在发下罐头的第一天，就吃完了整个月份的定量。

乘降落伞的西瓜

从平原到西藏高原，要坐六天的汽车。蔬菜水果都是很娇气的，哪里顶得住这样的颠簸？更不消说一路上雪花飘飘，气温在零摄氏度以下，再好的叶绿素也成了冰激凌。

但是，平原上的人还是挺关心高原上的人的，每年八九月份山下最热的时候，总要装上几卡车蔬菜，每车配备两个司机，昼夜兼程，把六天的旅程压缩成三天，赶上山来，想让吃了一年干菜和罐头的高原人享个口福。

但再新鲜的蔬菜，经过几千公里的折磨，也面目全非了。茄子皱得像核桃，蒜苗黄得像京剧里奸臣的胡须，只有青椒还绿着，但绿得十分可疑，用手指轻轻一弹，皮就"噗"的一声破了，流出一包绿汪汪的清水，原来它早已冻烂了。

有一次，运菜的车遇上了暴风雪。昆仑山是喜怒无常的，就是在最温暖的季节，也会骤然翻脸，降下鸡蛋大的冰雹。菜车像破冰船似的抵达高原，通知大家去卸车。

到了车跟前，吓了我们一大跳：这哪里是车，简直就是一座移动的小雪山。

扒开篷布上厚厚的积雪，露出一个个装菜的纸箱。押车的人抱起一个箱子，"砰"地丢下车，"咚"的一声巨响，好像摔下来一箱炮弹。

"你轻一点儿好不好？"我们一齐冲他嚷。要知道，在高原上，蔬菜像黄金一样贵重，哪里容得他这般粗暴蹂躏！

"砸得再重些也不碍事。"押车员大大咧咧地说。

我们愤愤不平地打开箱子一看，才发现他说的是实情。这一箱里面装的是黄瓜，每一根都翠绿挺拔，像警棍一般笔直，用手一碰，发出清脆的玻璃器皿之声，好像是翡翠雕成的工艺品。

又打开一箱，是西红柿。每一颗果实都红润闪光，好像红玛瑙。手指稍不留意碰破了西红柿的皮，流出的不是红汁，而是橙色的冰晶。

再打开一箱，是豆角。平日熟识的豆角显出一副陌生的模样，居然塑料似的半透明了。透过朦胧的豆荚，依稀看到乳白色薄而软的豆粒，好像一个个惊讶的眼睛。

严寒使所有的蔬菜都改变了风味，吃到嘴里，都是雪花的味道。

这种运输的艰难情况，几年后得到了一点改善。有一年快过春节的时候，接到通知，飞机将给我们空投报纸和蔬菜。还有一年降落伞运载的是西瓜。

空投的日子到了，我们都眼巴巴地望着天空。冬天吃西瓜，就是在平原，也是很奢侈的事情。我们已经快忘了西瓜的滋味了，这是多么快活开心的节日！西瓜一落地就得马上收藏起来，千万不能在雪地里裸露时间太长了。要知道当时的气温是零下几十摄氏度，要是把西瓜冻僵就糟了。

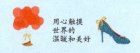

飞机来了，因为周围都是狰狞的山峰，飞机不敢低飞。开始空投了，一朵朵洁白的降落伞像鸽群一般在高天浮动。

　　天气很晴朗，但仍有看不见的气流在天穹穿行。突然有一个降落伞脱离了队伍，向远处的山谷翩翩飞去。

　　其他的降落伞都乖乖地落了地，久候的人们扑过去，迫不及待地打开伞下坠着的麻袋。打开一袋是报纸，打开另一袋是蔬菜，再打开一袋又是报纸……就是不见西瓜。

　　赶快同飞机上联系，问是不是忘了投西瓜？

　　飞机上回答，乘降落伞的西瓜，千真万确地空投了下来。

　　完了！人们仰天长叹：那个飘往雪原深处的降落伞，装载的就是高原人望眼欲穿的西瓜啊！

碗里的
小太阳

　　我不吃羊肉，总觉得那肉里有一股青草味儿。小的时候，跟父母到北京的东来顺馆子里吃过一顿涮羊肉，回来后全身起了风疹。医生说是过敏，让我终生忌食羊肉。

　　到了西藏，羊肉就成了主要菜肴。做法很粗犷，用斧子将整头羊劈成碗口大的坨子，连骨头带肉丢进高压锅，再塞入一块酱油膏，撒点作料，拧上锅盖急火猛攻。一个小时后，一道名为"大块羊肉"的高原菜就算烧得了。大家就拎着饭碗来打菜。

　　我对同屋的果平说："你把我的那份儿菜打走好了。"

　　果平说："那你吃什么呀？"

　　我说："吃咸菜呀，我是宁肯吃咸菜也不吃羊肉的。"

　　果平说："你好傻啊，会写美丽的'美'字吗？"

　　我说："会写呀！"说完，就用勺子把儿在手心上写了一个大大的"美"字给她看。

　　果平说："原来你还挺聪明的呀！那你为什么不吃羊肉呢？什么叫'美'？'大'、'羊'两个字摞起来就是'美'啊，西藏的羊多大啊！"

　　我便如实相告，吃羊肉过敏。

于是，在吃羊肉的日子里，只有我一个人孤零零地吃咸菜。时间长了，被炊事班长发现，他说："老吃咸菜怎么行？长久下去会得病的。"

我说："那好啊，你给我做猪肉。"可那些猪肉都是从平原运来的，数量不多，都让我吃了，就太对不起大家了。几次小灶以后，我对炊事班长说："我还是吃咸菜吧，这样心安。"

炊事班长见我很坚决，就说："要不这样吧，你跟我到食堂的库房里挑一挑，看你喜欢吃什么，就拿点什么，反正每个人都有一份儿伙食费，你不吃羊肉就吃别的好了。"

我第一次走进库房。哇，好丰富！一箱箱的奶粉，成麻袋的红糖白糖，还有花生米、葡萄干、脱水菜、压缩饼干……真够琳琅满目的。可惜都是干菜坚果类，根本引不起人的食欲。

"就没有蔬菜吗？比如红红的萝卜、绿绿的黄瓜？"我实在太渴望吃青菜了，明知没有多少希望，还是试探着问。

"有啊。"炊事班长很肯定地说，随手拄出一筒罐头。三下五除二，打开来，倒真是有红红的萝卜、绿绿的黄瓜，只是它们强烈地冒出一股酸气。原来这是酸菜罐头。

吃了几次酸菜罐头，我就腻了。我跟在炊事班长的屁股后面转，突然发现一只神秘的小麻袋，袋口的线绳扎得紧紧的，灰头灰脑地缩在墙角。

"那是什么？可不可以吃？"我问。

"吃不得，那是一种虫子干儿，有怪味道。"炊事班长说。

我好奇地解开绳子，出现在眼前的是满满的一麻袋红橙鼓胀的——大海米！

"噢！我今天就吃这种虫子干儿了！"我快活地大叫着，要知道我们自打到了西藏，还没尝过海味呢！我顺手抓了一把海米填进嘴里，嚼得咯咯响，鲜香满口。

炊事班长吃惊地瞪着我，因为，他自小生活在西北的山区，从没见过海里的生物。

但连续吃了几次海米之后，我又腻了。这一回，我长了经验，不让炊事班长当向导，自己在库房里转呀转，想再发掘出点不同凡响的食品。

果然，我又找到一只奇怪的麻袋。看起来鼓鼓囊囊，拎一下却很轻。打开一看，原来是又大又圆的山西红枣。

我立刻用随身带的饭盆舀了半盆，连蹦带跳地跑出库房，对等在外面的炊事班长说："我今天就吃这个喽！"

炊事班长说："这个当零食吃可以，当正经菜可不行。"

我说："能行能行，又能当菜又能当饭。"说着就跑远了。

以后，我和我的朋友们就热切地盼着吃羊肉的日子。我进库房用来盛红枣的器皿越来越大，最后，简直变成了一只小脸盆。炊事班长吃惊地说："你一个女孩子，一顿吃得了这么多的红枣吗？小心别闹肚子。"

我说："当然吃得了，你就放心吧。"

他不知道，每次都是我们全屋的女孩子一块吃红枣。在那些最严寒的日子里，我们团团地围坐在火炉旁，把红枣洗净，撒上白糖，放在小锅里，慢慢地煮。

在呼啸的风雪声里，红枣渐渐地膨胀起来，好像一轮轮暖洋洋的小太阳，把我们的脸都映得红艳艳的。

女孩子吃红枣，是很补身体的。

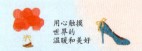

用心触摸
世界的
温暖和美好

西藏猪

　　高原上的生物很少。像平原常见的飞鸟，比如麻雀、喜鹊，一种也没有。只有像乌云一般的秃鹫，偶然飞过。鸟儿也因缺氧憋得喘不过气来吧？

　　人有一种爱养小动物的天性，我们就从山底下抱上来一只公鸡。一路上，随着海拔的不断升高，鸡冠子越来越紫，最后简直变成黑的了。好不容易熬到了目的地，我们赶紧把公鸡放在雪地上，心想让它换点新鲜空气，也许它会舒服一些。没想到，它的爪子刚一着地，立即就飞跑起来。跑了没多远，就一个跟头栽在地上，扑腾着翅膀死了。大家非常伤心。初到高原的生灵，是不能做剧烈运动的，要给身体一个慢慢适应的过程，可惜公鸡不懂得这个道理，就丧了命。

　　以后又从山下带上来一头小猪。这回大家有经验了，刚开始半个月，人们紧紧抱着小猪，不叫它活动，可是小猪后来还是死了。医生说，小猪得了一种叫作高原肺水肿的重病。

　　过了些日子，有人从国界那边的印度进口了一只小黑猪。听说它老家的地势也很高，这样就不存在水土不服的问题了。

　　果然，这只来自异国的小黑猪平安地活下来了。大伙给它起名叫"黑黑"。

黑黑每天在我们的住处悠闲地漫步，把它的小尾巴得意地卷成一个"8"字。一到开饭的时间，它就从野外赶回来，等在饭厅门口，用长着双眼皮的大眼睛，眼巴巴地瞅着大家，嘴角还会滴下一串口水。

我们宁可自己先不吃饭，也要喂黑黑。这个给它撕一块馒头，那个给它舀一勺米饭。黑黑也很聪明，吃完了这个人的一口饭，就会走开，绝不会老围着你。人们抢着喂黑黑，有时就把黑黑搞得很狼狈，鼻梁上贴了一块豆腐，耳朵上挂着一缕粉丝。它很绅士，一点也不着急。等人们散开了，就自己跑到大石头旁边，把它蹭下来，再慢慢吃掉。

黑黑最爱喝甜牛奶了。刚开始是因为许多人是从农村来的，喝不惯牛奶，轮到喝牛奶的日子（不是鲜牛奶，高原上哪有奶牛啊，是用奶粉冲开的），剩的就格外多。炊事班就准备了一个大木槽盛剩牛奶，黑黑跑过来，把嘴巴拱进槽里，只剩两只眼睛在外面，咻咻地喘着气，埋下头谁也不理。你看不见它狼吞虎咽，只见它的脖子均匀地颤动，但槽里白色奶液的水平面迅速下降，一会儿就露出槽底的木纹了，好像槽子在我们找不到的地方裂了一个大洞，牛奶都渗到地下去了。黑黑抬起头，也很遗憾很吃惊地注视着木槽，好像自己也不明白：刚才还那么多的牛奶，怎么一眨眼的工夫就不见了？

知道黑黑爱喝牛奶以后，我们就有意多给它剩下一些。

在这样丰富的营养下，黑黑迅速长大，不久就成了一只威武的大黑猪。甩着大肚皮走动的时候，好像一张黑丝绒壁毯在旷野移动。

高原上的尖石把黑黑的肚皮磨破了。开饭的时候，黑黑再也不能像原来那样飞快地跑过来，只能慢慢往家里挪。炊事班长看了心痛，就领黑黑到卫生科，对正在给人包扎伤口的护士说："给我们的黑黑看看病。"

护士吓了一跳，说："我又不是兽医。"

班长说："这病不用兽医，我就能看。把伤口消消毒，抹点药膏包起来就行。"

护士说："谁敢钻到猪肚子底下去上药？它不咬人才怪呢！"

班长对护士说："黑黑绝对不会咬你的。"然后又对黑黑说："这是给你看病呢，千万不要乱动啊！好了，趴下吧。"

黑黑就乖乖地躺在卫生科门外的地上，像平日吃饱了饭晒太阳的样子。

护士双手托着治疗盘，战战兢兢地走过去，消毒、上药……涂酒精的时候，黑黑可能感到有点痛，浑身抖了一下，但真的是没有动。

上完了药，黑黑站起来。它的肚子上多了一块雪白的纱布，好像一枚巨大的邮票。

第二天，护士偶然走出治疗室，看见黑黑正在屋外绕来绕去。见到护士，它哼了两声，然后自动躺在地上。原来它肚子上的纱布掉了，伤口又露了出来。护士就又给它上了药。

后来，黑黑的肚子好了，又可以很有风度地在房前屋后散步了。我们眯起眼看看它，想起平原的家。有人说："在我们村子里，有一头和这一模一样的黑猪呢！"

天 堂 只 是 悄 声 细 语

我们原本是从自然中来，必有一天要回到自然中去。在这个短暂的旅途之中，我们要千百倍地珍惜生命……

胖 听

　　每月发罐头的日子，是高原的节日。大家聚在司务长的房间里，好像是赶集，七嘴八舌，议论纷纷。人们挑三拣四，乱哄哄的。军用品，质量没得说，主要是选择什么品种水果的问题。

　　有一个人专门要橘子的，一月是橘子，七月还是橘子。据说他领的罐头从来不吃，都堆在床底下精心保管着。他用木板垫起一个架子，罐头像商店陈列的货物，摆得整整齐齐。罐头上还罩着报纸，防着扫地泼水的时候，水珠溅到罐头，铁皮就锈了。大家私下笑话他：这人已经把一棵橘子树的收成，都藏到自己铺板底下啦！后来听说他是准备探家的时候，把橘子罐头都装在麻袋里背回家，让从来没吃过橘子的父母，尝尝南国水果的滋味，人们就不好意思再议论他了。

　　罐头后来有了一市斤和一公斤两种包装，就是一种小筒一种大筒。一般的人都喜欢要大筒的，因为吃起来痛快淋漓，解馋顶饿。再说开罐头的时候方便些，一次解决。要是弄个小筒的，得多费一倍的力气。有个叫小叶的人，偏偏反其道而行之，每次专要小筒。世上的事就是奇怪，大家都不要小筒的时候，司务长巴不得把小筒罐头早点推出去。小叶指名道姓地要小筒，司务长又烦了，说小叶你事真多，大筒小筒还不都是一样吃，到了肚子里一样都化成屎，你不嫌烦我还嫌乱呢！

小叶一点也不着急，笑嘻嘻地回敬道：那可不一样，吃豆子拉的是臭的，吃菜拉的是绿的，吃了司务长发的水果罐头，打的嗝都又甜又香。

司务长就笑了，说小叶你是属救火队的，叫人发不起火。你可知道，这次来的小筒罐头箱都压在大箱底下，搬动一场，肺里有进的气没出的气，累得真魂出窍，我不给你当搬运工。真想要小筒，自己动手，丰衣足食吧。

小叶说，我是真想要。可你这儿是"仓库重地，闲人免进"，就不怕我顺手牵羊，多拿了几筒走？

司务长说，你不是闲人，是干苦力活的。不过，你这么一说，倒是提醒了我，你等大家都领完了罐头，再来忙活你的这点私事吧。一来你可避嫌，二来我也好给你搭把手。

正好我也在一旁，就说，到时候我来帮忙。

大家就说有人愿意义务劳动，好啊好啊。其实，我心里想的是，库房是个神秘的地方，我倒要看看藏着什么宝贝。

大家领完罐头，已是傍晚时分。吃了晚饭，天就黑透了。小叶叫我去帮忙，库房里黑黢黢的，好像一个阴森的山洞。我嘟囔着说，库房为什么不安个电灯呢？现在我每一个寒毛孔，都充满做贼的感觉。

也不是打仗需要弹药，谁没事半夜三更时分到库房瞎翻腾？都是小叶这个倒霉鬼，搅得我们不得安宁。司务长手擎一根蜡烛，在一垛罐头箱子后面闪出来，忿忿地说。跳跃的烛光从他的右下颌向左上眉弓闪去，使他那张在白天看来还挺中看的脸庞，顿生凶狠之色。

小叶说，谢谢你啦，我代表家乡的父老乡亲们谢谢你啦。

司务长说，小叶你别扯得那么远，你老家的人认得我是谁？闲话少说，开始干活吧。

所谓干活，就是把顶端的罐头箱子搬下来，垛在一旁，慢慢地寻找不知隐藏在哪里的小筒罐头箱。箱子的外表都是一样的，只是标签不同。我们搬了一箱，用烛光一照，不是，只得把它摞在旁边。又搬了一箱，拿烛光来照，还不是，只好又摆在一边。本来搬几个箱子，对司务长和小叶这样年纪的男子汉来说，不是什么了不起的活，但高原这个阴险的魔术师，在人们不知不觉当中，把大家的力气溶解在空气中了。过了没一会儿，他俩就像八十岁的老翁，喘个不停。

司务长鼻孔喷着白气说，小叶，这是何苦？想体验码头扛大个儿的滋味？

小叶说，不好意思，小筒罐头显得筒子多一些，分的时候好办些。

我听不懂他的话，说，小叶你到底什么意思？解释解释。

小叶说，我的罐头要带回老家，亲戚朋友多，姑姑舅舅大姨大妈表婶叔伯哥哥……全村人都沾亲。咱从这么远的地方回去，大伙都来看我，拿什么招待呢？罐头是个新鲜物，我就每户送上一筒。僧多粥少，也许不该把亲戚叫"僧"，反正就那个意思，嘴多罐头少，要是大筒的就分不过来了，所以……

司务长打断小叶的话说，你就甭"所以"了，我明白啦。休

用心触摸
世界的
温暖和美好

息过来了没有？开始干活吧。

我也开始给他们打下手。终于像挖煤工人一样，在层层叠叠的罐头箱子下面，掘到了一箱标有"每听五百克装"的罐头。大家那个高兴啊，就像盗墓贼发现了皇帝的玉玺。司务长用钳子扭开绑箱子的铁丝铁钉，"嘭"地将木板打开，一筒筒雪亮的罐头暴露在烛光下，圆圆的锡铁盖子好像大号勋章，朦胧地反射着一朵朵浅红色的烛火。

司务长用调兵遣将的口气说，拿你的吧。

小叶欣喜地打量着整箱的罐头，好像那都是他的财产。要知道平常的日子里，你该领几筒，司务长就给你拿出几筒，从未让人如此一饱眼福。现在虽然明知这许多罐头并不是都属于自己，看着也高兴。瞅了半天，小叶指着一筒胖胖的罐头说，我就要那筒了。

司务长脸上显出很怪异的神情，说，满满一箱罐头任你挑，你为什么偏要那筒？

小叶费力地把那筒胖罐头从挤得紧紧的箱子里取出，说，满满一箱罐头，我为什么偏偏不能要这筒呢？

我也觉得很纳闷，特别认真地听他们对话。

司务长说，你哪筒都能拿，就是不能拿这筒。

小叶的犟脾气上来了，说，我哪筒都不要，就是要拿这筒。

司务长说，我是管发放军用物资的，没有我的批准，你想拿也拿不走。

小叶一看司务长用职务来压他，正着说是说不过了，反唇相讥道，莫非是司务长看着这筒罐头格外饱满，要利用职权，专门

留给自己吃啦?

我想司务长一定会反驳的,没想到他笑着说,你说得对。我就是要利用一次职权,把这筒罐头留给自己。而且还特地邀请你和我一道品尝这筒罐头。

我们都不知司务长的确切意思,只见他抽出一把开罐头的专用刀,刚要戳进胖罐头亮闪闪的鼓肚子,突然又停了手,对小叶说,你把它放在自己耳朵边,摇一摇,它就有话对你说。

罐头会说话?我和小叶吃了一惊。小叶按着司务长说的,把罐头凑在耳边晃了晃。我也赶过去凑热闹,小叶就把罐头递给我。我用力把胖罐头颠来倒去,侧耳细听。它咕嘟着,好像一个不会游泳的胖子,被人开玩笑扔进深潭,套着救生圈,竭力挣扎。

小叶说,这罐头要是一个人,会被你折腾出脑震荡。

司务长问,听到罐头对你说的话了吗?

我叹了口气说,没听到。

司务长不急也不恼说,没听到不要紧,你还可以敲敲它的肚皮,它很诚实,会把刚才对你说过的话,再重复一遍。

这一次,我抢在小叶前面,用手指猛力弹胖罐头。它气愤地发出空空洞洞的回音,好像是一个老爷爷被打断了午睡,气得直咳嗽。

我做了一个鬼脸,小叶不理睬,面带思索之色,好像胖罐头真把什么绝密的情报,透露给他了。

司务长对着不开窍的我说,看你这样子,只有让胖罐头自己坦白交代,你才会明白啊。

他说着,果断地用罐头刀扎了下去……只听"噗"的一声响，那动静不像是刺一个没有生命的物体，倒像是宰了一头肥猪。随之一股恶臭从胖罐头的裂口处，喷涌而出，蜡烛光都被呛了一个跟头，险些熄灭。那股黑色的气休在仓库内久久盘旋，好像放了一颗催泪弹，我们的眼睛被熏得都眯起来。

我说，啊呀，罐头里面藏着一个妖怪？

司务长说，你过来一看，就明白啦！

我躲得远远的，说，不看不看，瞧这味，像进了公共厕所。再到跟前看，胃就得来一个反向运动了。

那时候我们的卫生课刚刚讲到消化器官，正向运动是从口腔到肠胃，反向运动就可想而知了。

小叶比我坚强得多，一声不响地走过去，头俯在那筒胖罐头跟前。正确地讲，那筒罐头现在已经不胖了，垂头丧气地蹲在那里，好像一个饿瘪了的囚徒。我听到小叶喃喃地说……果肉都变成黑色的了……有气体……黄色马口铁的镀膜也脱落了……

司务长连连夸奖说，小叶你观察得很仔细，对，就是这几个特征。

我还不明白，愣愣地问，我听这些话，好像是在描绘一个病人。

司务长说，正是啊！这种胖罐头，按我们军需的行话就叫"胖听"，是罐头中的次品，也就相当于病人了。因为制作或是运输中的问题，密封的罐头里面发生了污染，无所不在的细菌大肆繁殖。罐头腐败了，细菌产气，就把罐头的铁皮顶得膨胀起来，变成大胖子。它完全丧失了食用的价值，吃了拉肚子是轻的，碰上肉毒菌，小命就呜呼了。平时我发罐头之前，都要仔细检查，

像查特务一般把它们严格挑出来，怕坏了大家的健康。今个儿咱们是到库房里直接取货，你们好眼福啊，看到了平常无缘一见的胖听……

小叶不好意思地说，多谢司务长，今天长了见识。本来，我以为胖听比别的罐头更鼓，以为里面装的货色特别多，想让家乡的人多尝尝。司务长，顶撞了，多包涵。

司务长说，甭客气啦，快领了你的小罐头走吧。

说着，司务长亲自动手，把一堆身材苗条的罐头，推到小叶手里。小叶数了一下，说，司务长，你给我发多了。

司务长说，这不是骂我吗？我做了多少年的军需，连数都不认？不会多的，快拿着走吧。

小叶说，司务长，你再数一遍，我可不愿多吃多占。

司务长说，小叶，我把我这个月的那份也给你了，谁叫你有那么多的倒霉亲戚呢！

雪线上的蛋花汤

鸡蛋在昆仑山上是很稀罕的东西。

你想啊，海拔五千多米，多么品种优良的母鸡也活不了。从平原到高原几千公里的路程，汽车一路上"跳迪斯科舞"，鸡蛋就是铁皮的，也会被颠出缝。

于是，军需部门就给我们运鸡蛋的代用品。其一是蛋黄粉，色泽像金皇后玉米面一样灿烂。掺上水，用油一煎，就成了金闪闪的蛋黄饼。可惜好看不好吃，根本没有鸡蛋味，曾噎得人直翻白眼儿。

"用鸡蛋黄养鱼都养不活，人要一天吃这个，能得黄疸病！"有人说。

食堂若吃蛋黄粉，准得剩一大盆，像漫天的迎春花。

其二是一种有清有黄的冻蛋，是把整个鸡蛋打进铁桶，速冻而成。说起来倒是全须全尾的原装，吃到嘴里，却比鲜蛋差得远，好像鸡蛋的魅力是一种很温暖的东西，一冻就丢了。

其三就是鸡蛋罐头了。圆圆滚滚的球体卧在玻璃罐里，随浑黄的液体浮动。除了形状上还保持着基本轮廓，很难使人想到它是母鸡的产品。

用心触摸世界的温暖和美好

于是，我们这些远离家乡的年轻军人，就像思念绿色一样，思念白色的温暖的有着粗糙外壳的真正的鸡蛋。

有一年过节，炊事班长很神秘地叫我："喂，你是女娃，有个事要问你。"

炊事班长很能吃苦，做饭的手艺可不敢恭维。

"什么事？你说好了。"我心不在焉地应道。

"喏，你看。"他伸出蜷得像个鸟窝似的手掌——我看到在他皲裂的手指圈起的半圆形凹体中，有一个粉红色的鸡蛋。

"是真的吗？"我惊喜地问。

"当然是真的！要是有个老母鸡，也许能孵出鸡娃来！"炊事班长得意地说。

这肯定不行，就算它原来是一颗有生命的种子，跋涉冰峰雪岭时也早冻死了。我顾不上反驳炊事班长，只一个劲儿地问："它为什么没被颠破呢？"

炊事班长不乐意了，说："瞧你这个样，好像巴不得它破了！这是我老乡特地从家乡带来的，一路上抱着纸盒，连个盹儿都没舍得打。"

我说："这真是一个经历了长途拉练的鸡蛋。"

炊事班长说："别废话，知道叫你来干什么吗？"

我说："把这个鸡蛋送给我。"

"吓！想得美！"炊事班长晃着他的方脑袋说，"老乡一共送我三个鸡蛋，三个鸡蛋够谁吃的？今天过节，我想用这三个鸡蛋给大伙儿做一锅真正的鸡蛋汤。你是城里人，你喝过那种片片缕缕像米汤似的鸡蛋汤吧？咱就做那样的。"

"喝过。"我说。

"那好，你就给咱做。"炊事班长说着把我推到锅前。

在呼呼的热水面前，我可傻了眼。不错，我是喝过那漂浮如丝带的甩袖汤，但我根本就不知道它是怎么做出来的！可我又不好意思对向我寄予了无限期望的炊事班长说"我不会"。在炊事班长的方头颅里，既是城里人，又是女人，就该天生会做鸡蛋汤。

嗨！有什么了不起的！鸡蛋汤鸡蛋汤，顾名思义，把鸡蛋倒进水里就成汤！我痛下决心。

打蛋！我命令道。

炊事班长乖乖地拿出个大铝盆（可以当行军锅的那种，比一般脸盆要大和深），把三个鸡蛋打进去，用手指把蛋壳内的每一滴黏液都刮净。

三个鸡蛋像三颗金蚕豆，在空旷的盆底滚来滚去。没有了外壳的鸡蛋，更小更少。

一大锅水开了，冒着汹涌的白气。我端起盆，正想把搅匀的蛋液倒进去，突然觉得它们太单薄了。

"加水。"我说。

"往哪里加水？"炊事班长谦虚地问。

"当然是往……鸡蛋里加水了。"我胸有成竹地说。

"加多少？"炊事班长小心翼翼地请教。

"就加……一大勺吧！"我指挥若定。

现在盆里的景象好看多了，黄澄澄地半盆，再没有捉襟见肘的窘迫。"好了，现在就把鸡蛋液倒进锅里，并且一个劲儿地用筷子搅拌，一会儿我们就会有香喷喷的真正的鸡蛋汤喝了。"我有条

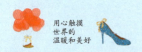

不紊地吩咐着。

人高马大的炊事班长乖乖地听着指挥，三个珍贵的鸡蛋和一大勺凉水倾倒进沸锅……一时间锅里锅外都很安静。

"一个人只能喝一碗，多了就不够了。今天你辛苦，就给你喝两碗吧。"炊事班长思谋着。

"鸡蛋是你的，你本该多吃多占点。"我说。

想象中的鸡蛋汤该有仙女水袖般飘逸的蛋花，该有糯米般的蜜的蛋丝，该有……

满满一大锅水再次开了。

锅里什么也没有，只是云雾般的混浊。那三个鸡蛋神秘地失踪了，融化在一大锅雪水中。

我和炊事班长面面相觑，目光在询问："鸡蛋呢？万里迢迢从家乡带来的鸡蛋哪儿去了？！"

喝汤的时候，我对大家说："今天这汤是鸡蛋汤，真正的鸡蛋汤！"

同伴们莞尔一笑，说："是吗？做梦吧！"

"是真的！我亲眼看见三个鸡蛋的，它们就在这汤里，我不骗你们！"我急得都要哭了。

大家还是半信半疑，因为，汤里实在是看不到鸡蛋的影子。

"不信，你们问炊事班长？"我使出最后的撒手锏。

大家把脸转向炊事班长。炊事班长扶着他的大方脑袋，什么话也没有说。

于是，大家一哄而散，没有人相信我关于鸡蛋汤的神话。

"炊事班长，你为什么不说？为什么不说？"我气愤地质问他。

"大家没看见鸡蛋，你叫我说什么？"炊事班长心平气和地说。

那一天，我喝了好多鸡蛋汤，一边喝一边想，鸡蛋藏到哪儿去了呢？

这个问题我一直想了好多年。我想假如我不在鸡蛋里掺水，事情也许会好得多。当然，如果锅不是那么大，如果我们有许多的鸡蛋，我们就一定会喝上美味的鸡蛋汤了。

昆仑山
那里出核桃

　　因为没有鲜菜鲜果，昆仑山上就多干菜干果。干菜实在是一种对菜的亵渎，犹如少女和老妪的区别。吃干菜的时候，有一种嚼线装书页的感觉。

　　干果包括花生、核桃、葡萄干之类。司务长拆开一个麻袋，用手指捻着说："这拨花生米好，山东的，大，油多。"其实大而油多的花生并不好吃，倒是四川花生，虽小却更有嚼头。司务长用空罐头盒子做容器给大家发花生米，官兵平等。葡萄干要算比较珍贵的吃食了，司务长就换个小号搪瓷缸子给大伙分。轮到分核桃的时候，就比较粗放了。司务长两手合围，一挖一捧，有多少算多少，倒你脸盆里算完事。

　　当兵的没家伙装，领东西时都拎脸盆。这样五花八门的吃食拌在一起，一副丰衣足食的样子。喜颠颠地往宿舍走，由于大小不等，到家时，个大的便被簸到脸盆浮头，猛一看，好像发了满满一脸盆核桃似的。

　　核桃听说是山西出的，个大，皮也厚。我们没有锤子砸核桃，因为山下从没给我们运来过锤子。女兵们劲小，只好用门来挤核桃。喀喇喇…核桃仁碾出来了。

核桃太像人的脑子，中间有隔，恰似人的大脑两半球。完整的核桃仁，也像人的脑页似的，有许多智慧的沟回。

"姑娘们，莫用门扇挤核桃了，门框快散了，夜里狼就进来了。"司务长说。

我们不再用门挤核桃，不是因为怕狼——昆仑山太冷了，狼都不在这里安家——是因为生核桃不好吃。也许是因为缺氧，生核桃吃多了，头便发晕，眼前便发蓝。

"要是能炒熟吃就好了。"十八岁见多识广的女兵说。

没有锅，我们就把整个的核桃扔到炉膛里烧。高原上烧的是焦炭，柿红色的火焰像红缨枪似的抖动着。核桃丢进去，在极短的时间内还保持着自己黑黢黢的本色，不一会便冒起青烟，"噗"地裂出一道金黄的火苗。火苗迅速蔓延，核桃就像一只充满了油脂的小刺猬，在炉膛的红炭上滚动。待核桃像一颗小太阳，通体成为亮红色时，就要手疾眼快地将它铲出，晚了就糊大了。丢在地上的核桃还会继续燃烧，要迅速吹灭它身上的明火。这时就有撩人胃口的香气在屋内弥漫开来。

我们屋里的地是泥巴垫的，同屋外的亘古冰雪荒原相连。色泽逐渐黯淡下去的核桃被地气一激，犹如迎头泼了一瓢冷水，噼里啪啦地爆裂起来，焦黄的核桃仁就像棉桃似的绽了出来。趁热将略带烟火色的核桃仁放进口里，听见它们将口水炙得嗞嗞作响，有滚滚的蒸气在口中蒸腾……不一会儿，我们便个个吃得口角发黑。

烧核桃吃得多了，有人提议要吃炒核桃仁。这就需要砸壳取仁。这回不必破坏公物了，炊事员张大个，手掌大得像锅盖，手心捏两个核桃，上下唇一抿，咔吧吧——核桃壳就像玻璃似的碎了。他把桃仁很仔细地摆在一张净纸上，递给我们。

梦想与幻想

我们快活地围向炉火，紧接着的实际问题是没有炒锅。十八岁的女兵又显神通了，她把铲焦炭的铁锹头卸下来，用雪水拭净了，翘在炉火上。这个简易炒锅像个畚箕，一端敞，一端凹，核桃仁便不安分地在低洼处扎堆，我们便用筷子赶紧拨拉。核桃仁还没熟，筷子尖已经黑了。

垂涎已久的炒核桃仁出锅了，正确地讲，是出铲了。费了这么大劲，味道却并不见得怎么好，糊的糊，生的生，烟熏火燎的大家叼了几嘴。正不知如何处理这堆黑不溜秋的货色呢，突然有人砰砰敲门。张大个局促地走进来，手里捧着一些核桃仁碎屑送给我们，说是刚才匆忙之中没剔干净，这是又用针细细挑出来的。

唉呀呀！费那个事呢，又不是值钱的东西！这一大堆核桃仁还不知怎么吃呢，怎么又送来了！你愿吃就都拿走，不愿吃就都扔了吧！我们七嘴八舌地说。

张大个很金贵地把生熟两份核桃拢在一处，说：多么好的东西，怎么能扔了呢！我们老家那个地方不出核桃，都没见过这玩意儿呢！

那我们以后发了核桃都给你，你探家时带回去吧！十八岁的女兵说，我们都赞同地点点头。

张大个探家的时候，拎了一个大帆布提包，往长途车上一撂，包里哗啦啦发出类似鹅卵石撞击的声音。

后来，张大个回来了，女兵们问他："你老家的人说核桃好吃吗？"

"说好吃。"张大个拍着锅盖大的巴掌说，"俺爹说，闹了半天，昆仑山那里出核桃哇！真是个好地方。"

用心触摸世界的温暖和美好

女孩的纸

女孩们用的纸比别人多。干净的柔软的洁白的纸，是伴随她们整个青春的朋友。

我们到了西藏，才发现这里的"毛伴"（藏语，商店之意），根本就没有卫生纸卖，更不要说卫生巾之类的东西了。大家开始并不着慌，因为刚从家里来不久，提包里都还有存货呢。

高原的日子在寒冷中一天天过去。终于有一天，女孩们发现已无纸可用。

这可怎么办？尤其是果平，已是等米下锅的局面。

这是一个绝对要回避男性的问题，我们缩在屋里苦思冥想。

有人说干脆给山下的商店发个电报，叫他们速运一大卡车卫生纸来。

河莲说："这是不可能的，山上只有我们这几个女孩，别的人又不需用这东西。要是拉上一卡车，什么时候才能卖得完？毛伴才不会做这种赔本的生意呢。"

大家愁眉苦脸地你看着我，我看着你。除了从毛伴那里买纸，想不出还有什么其他的途径搞到纸。

"我有办法了。"果平突然胸有成竹。

大家忙问她有何高招，她笑而不答，一副高深莫测的模样。大家见她不肯说，也就作罢。反正她的形势最紧急，她都不急了，别人乐得逍遥。

过了几天，我的纸也用完了。悄悄找到果平，说："把你的纸分我一点用。"

果平说："我哪里有纸？谁说我有纸了？"

我说："你好坏呀！没纸的时候，要我们大家帮你想办法。你有纸了，就独自享用，真自私。"

果平笑起来，说："我真的没有纸。不过你说我自私倒是对的，我要把我的办法告诉你，你也会自私起来。"

我说："不管是什么法子，我得先得到纸。我这里急等着用，你速速从实招来。"

果平附在我的耳朵上说："我用的不是纸，是包扎外科伤口用的止血绷带。"

我一听，这真是一个好办法。后来大家就你传我，我传你，都用止血绷带代替卫生纸。

有一天，河莲对我们说，领导找她谈话了，说最近没有外伤病人，可止血物品消耗得太快，看来我们得想另外的法子。

我说："只有寄望于毛伴，毕竟它是我们和山下繁华地区唯一的通道。"

我和河莲就到毛伴，同卖货的藏族小伙子说："我们需要纸。"
热情的小伙子为我们找出一箱信纸。

"不！不！不是这个纸！"我和河莲一个劲儿摇头。

小伙子又搬出了成捆的蜡光纸，五颜六色，煞是好看。

"不！更不对了！"我们俩摆手跺脚加比画，总算让他明白了

用心触摸
世界的
温暖和美好

我们的意思：需要一种洁白柔软的大张纸，到底有没有？

小伙子笑眯眯茅塞顿开的样子，连连说："那样的纸有！多得是！"说着就到后面库房去找。

我和河莲相视而笑：真是踏破铁鞋无觅处，得来全不费功夫。

过了一会儿，小伙子满面尘灰地抱着一大卷纸，气喘吁吁而来。高原缺氧，任何动作都像剧烈运动一样费力。

我和河莲赶紧迎过去，刚想谢他，细一看，不禁傻了眼。那不是什么细软的卫生纸，而是画国画的宣纸。

"这个，是不是很好？像你们说的那样——白——软——大？"小伙子透着为别人做了好事之后的得意。

"那当然……是了……只是，这个……太可惜了……"我和河莲结结巴巴，不知如何答对他的好心。

"这个不可惜，已经运到这里好多年了，从来没有人要。你们买了吧，价钱很便宜……"藏族小伙子恳切地说。

河莲和我商量，看来没有现成的卫生纸，止血绷带又不可再用了。我们就先买了这宣纸，回去救个急吧。

我们把宣纸带回去，滴上水做了个试验。洁白的宣纸又柔韧又吸水，如上好的布绳子。我们刚想欢呼，突然发现一个严重的问题：宣纸经过长途跋涉，纸缝里夹满尘沙。

这可怎么办？谁都知道，女孩子用的纸要很清洁的。

河莲说："我们把土抖干净，然后用高压锅消毒，这样有什么病菌也不怕了。"

大家就高高兴兴地把纸送去蒸，从此再也不用为纸着急了。

但我有时候想起来，真是为那些宣纸可惜啊。

黑白拂尘

　　抵达阿里，我们受到了热烈的欢迎。头几天，领导上照顾我们，说是不安排工作，让安心休息，以适应高原。我们住在医院最暖和的房子里，清闲得像一群公主。

　　一天早上，我走出房门，突然看到一个奇怪的庞然大物卧在雪地上，目光炯炯地面对着我。它眼若铜铃，身披长毛，威风凛凛地凝视远方，丝毫也不把寒冷放在心上，好像身下不是皑皑的白雪，而是温暖的丝绵。它一动也不动，仿佛一堵古老残破的褐色城墙。长而弯曲的犄角，笼罩着不可逾越的威严。

　　天啊！这是什么？我小声喊道。原本是想大叫的，只是突然想到若是一下子惊动了这猛兽，还不得用舌头把我卷上天空，然后掉下来，摔成一摊肉泥！声音就在喉咙里飞快地缩小，最后成了恐惧的嘟囔。

　　声音虽弱，但受了惊吓的慌张劲，还是成色十足。河莲一边用牙刷捅着腮帮子，一边吐着牙膏泡从屋里走出来说，一大清早，你瞎叫什么呀？好像撞见了鬼！

　　我战战兢兢地指给她看，说，比鬼可怕多了。鬼是轻飘飘的，可它比一百个鬼都有劲！

用心触撞世界的温暖和美好

河莲顺着我的手指看去，眼光触到怪物，大叫了一声，啊哟，我的妈呀，肯定是牛魔王闯到咱们家来啦！说罢，吐着牙膏沫子逃向别处。

本来我想河莲会给我壮个胆，没想到她临阵脱逃。我偷着瞅了一眼怪物，只见它的大眼睛很温顺地瞄着我们的小屋，并没有露出恼火的神色，过了半天，沉重地眨了一下眼皮，就又悠然自得地注视远方去了。

我屏住气，悄悄地走近它。只见它浑身上下都是尺把长的棕黑毛，好像裹着一件硕大的蓑衣，连海碗大的蹄子上方也长满了毛，像毛靴一样把自己保护得严严实实，难怪它对酷寒置若罔闻，没准觉得像乘凉一般舒服呢。连它的尾巴也不同寻常，不似水牛、黄牛的，只是小小的一缕，在屁股后面抽抽打打地赶蚊蝇，好像苍蝇拍一样。这家伙的尾巴是蓬蓬松松的一大把，好像一只同样颜色的小松鼠，顽皮地蹲在它身后。我正看得带劲，它突然不耐烦起来，挺起胸膛，大大地张开嘴巴，我看到雪白的牙齿和红红的舌头，一股淡黄色的热气喷涌而出，好像它的嘴巴是一个即将爆发的火山口……

更可怕的事还在后面，从它粗大得像水桶一般的喉咙里，发出震撼山峦的吼叫。

我被这叫声吓呆了，不仅仅是因为它的声音大，像它这么大的体积，吼声震天是意料中的事，叫人惊异的是它的叫声太像猪了，好像宇宙间有一大群猪八戒，接受了统一的口令，齐声高歌。

我看着发出猪叫的怪物，它也很得意地看着我，好像在说，对，就是我在叫，怎么样啊？真正的猪也没我叫得像吧？

震耳欲聋的猪叫声，把老蓝给引出来了。老蓝是医院里最老的医生，有一种爷爷的风度。他一看我和怪物对峙的局面，忙打了一声奇怪的呼哨。那怪物好像听到了同伴的召唤，慢慢爬起来，恋恋不舍地看了我们一眼，向远处的深山走去。

老蓝说，你这个女娃胆忒大，知道它是什么吗？

我说，知道，它是野猪。

老蓝说，错啦！它要是野猪，你还能安安生生地在这儿跟我耍贫嘴？它是牦牛！

我说，野牦牛？

老蓝说，它是家牦牛，你没看它挺和气的，我一发出牧人的信号，它就找自己的伙伴去了？野牦牛的脾气要比它大得多，一不高兴，就会用犄角，把你的肚子顶出两个透明的窟窿。

我说，老蓝你没搞错吧？它的叫声分明是猪啊。我小的时候，在我姥姥家住过，猪圈就在窗户根底下，每天不是公鸡打鸣报告天亮，而是猪像闹钟一样准时把我叫醒。我可以证明，我们平常说猪是懒惰的动物，真是冤枉了它。猪是很勤快的，起得可早了……

老蓝不耐烦地打断了我的啰唆，说，我在西藏喝过的雪水，比你趟过的河都多，你看见过长角的猪吗？

我一下子傻了眼。是啊，古今中外，还真没听说过猪长角。

老蓝说，牦牛是一种特殊的牛，老在寒冷的高原住着，它们身上的毛就越长越长，恨不能拖拉到地上，变成一件毛大氅。它的叫声像猪，老乡就给它起了一个好听的小名，叫作"猪声牛"。其实，它和猪没有一点关系，是地地道道的牛科反刍动物。别看牦牛长得挺吓人，其实，它的脾气最好，而且特别能吃苦耐劳。早年间西藏没有公路不通汽车的时候，牦牛就是最主要的运输工具，被人赞为"高原之舟"，和骆驼属一个级别的。牦牛奶也很好喝，颜色是淡黄的，含的营养特别高。牦牛的肉也很好吃，因为它经常跋山涉水的，瘦肉多，一点也不腻。它的毛非常结实，细的可以用来纺线织牦牛绒的衣服，暖和极了。粗的毛可以搓绳子，擀毡，制帐篷……牦牛简直浑身都是宝。对了，它的油更是好东西，打出上好的酥油茶，那个香啊……还有牦牛血，提神壮胆……

老蓝说得得意起来，有滋有味地咂巴着，好像酥油茶抹了一嘴唇。

我刚开始听得很起劲，到了后来，忍不住说，老蓝，你怎么老说吃牦牛的事啊，都是高原上的生物，多不容易啊，为什么不让牦牛越养越多，漫山遍野？

老蓝说，你这个女娃的想法怪，牦牛养得太多了，你让它们吃什么？高原上只有很少的地方能长草，牦牛的舌头一舔过去，地上就秃了。

想想也是，我只好为牦牛的命运叹了一口气。

这时河莲走来，说，那个可怕的家伙跑了？

我说，河莲，如果发生了战争，我断定你是个叛徒。

河莲说，你可冤枉了我！你以为老蓝是自发来的吗？那是我呼叫来的援军，我陪着你死守有什么用？还是老高原有办法。这是机动灵活的战略战术啊！

老蓝趁我们俩斗嘴的工夫，回到自己的房间。当他再次出现的时候，手里多了一柄雪白的拂尘。它长丝垂地，根根都像精心锻造的银线笔直刚硬，拂动晨风，令人有飘飘欲仙之感。

我和河莲看傻了，觉得老蓝一下子变成了观音菩萨的化身，手持拂尘，仙风道骨，超然脱俗。

老蓝当然还是那个偏老头的模样，关键是他手中的那柄拂尘，像精彩的道具，让老蓝摇身一变，使人耳目一新。

您这个东西是干什么用的？河莲问。

老蓝得意地一挥拂尘，轻盈地旋转了一下，原先聚在一起的银丝，就像一把白绸伞，缓缓地张开了翅膀，绽成一朵白莲花，在初升的太阳照耀下，晶莹剔透，神奇极了。

我和河莲还没来得及表达惊叹，老蓝就把这美丽的白伞，高高举起，重重地抽在自己身上，于是，一股黄烟从老蓝油脂麻花的棉袄上腾起，好像在他身上爆炸了一颗手榴弹。高原上的风沙大，大家都是"满面尘灰烟火色"，衣服更成了沙尘的大本营。这柄拂尘好像鸡毛掸子，把灰沙从衣服布丝的缝隙里驱赶出来，抖在空气中，化成呛人的气流，随着寒风远去。老蓝用短短的胳膊，挥着长长的银丝，围着自己圆柱形的身体，反复抽打着，直

到把浑身打扫得如同河滩上一块干净的鹅卵石。

老蓝表演结束后，看着我们说，怎么样？

这是从哪儿搞来的？河莲不理老蓝的问话，追问感兴趣的话题。

老蓝说，是牦牛的尾巴啊。

我和河莲惊得几乎跳起来，说牦牛的尾巴能做拂尘？

老蓝说，正是，你们不是亲眼见了吗！

我们又问，哪里有白牦牛啊？

老蓝得意起来，说，白牦牛就像白蛇白猿一样，非常稀少。我在西藏多年，只碰见过一头白牦牛，浑身上下像是雪捏的。

你就把它的尾巴，活活给割下来了？我战战兢兢地说。

不是我给割下来的，是我让牧民在这头牦牛老死的时候，把它的尾巴给我留下来，做个纪念。老蓝很认真地更正。

我从老蓝手里接过牦牛尾巴做成的拂尘，它仿佛有神奇的法力，扑打出那么多的灰尘，自己还是洁白如雪。想到它曾是一头巨大生物的尾巴，每一根银丝都好像具有灵性，在阳光下抖得像琴弦，我不禁肃然起敬。

我央告老蓝，你去对牧民说说，让他们也送我一条牦牛尾巴。

老蓝说，一个女娃，勤洗着点衣服，身上哪有那么多土？实在脏了，找块手巾拍打拍打就是。一条牦牛只有一个尾巴，拂尘，难搞着呢。

我说，我不是要拿它掸土，是要把它挂在墙上。

老蓝说，干啥？当画？

我说，留个纪念。以后我回了家，会指着它对别人说，知道这是什么吗？它是牦牛啊！一个尾巴就这样震撼人心，要是整个现出原形，庞大得会让你腿肚子朝前。

老蓝说，你这么一说，我这个白牦牛尾巴，也不用它掸土了。牦牛毛虽然很结实，也是掉一根少一根。掸土时再精心，也免不了伤了它。从今后，我就把这牦牛尾巴当宝贝藏起来。探亲的时候拿出来，人家还以为我是从南海观音那儿借来的呢！

河莲一撇嘴说，谁那么傻！仔细闻闻，您这个掸子，牛毛味大着呢！

老蓝听了，真就把牦牛尾巴托到鼻子跟前，像猎犬那样闻个不止。我和河莲哈哈大笑起来，因为雪白长须挂在他的下巴上，太像唱戏的老生了。

老蓝说，嗯，是有点膻气。怪我当时洗得不干净。

河莲凑过去说，老蓝，我给你再洗洗怎么样？用我洗头发使的胰子，保证让您的牦牛尾巴，从此香得跟茉莉花似的。

老蓝摆手说，那倒不必，东西还是天然味的好。你这个女娃心眼多，手脚勤快。不过，我看你是个无利不起早的人，说吧，有什么要求我办的事？

河莲说，老蓝你真是火眼金睛，怎么一下就把我看穿了呢？我要办的事一点儿也不复杂，就是你给小毕搞牦牛尾巴的时候，顺便给我也剁下一绺。

我说，河莲，你怎么抢我的？

河莲说，不是抢，是分个二分之一到三分之一的，无伤大雅。

我说，我的牦牛尾巴被你砍去一半，只剩下电话线粗细的一小撮，成什么样子？人家没准以为是马尾巴呢！

用心触摸世界的温暖和美好

河莲说，那就叫老蓝多给我们弄些就是了。

老蓝气得说，谁答应你们啦？还闹起分赃不均！

我们又赶快哄他说，咱们换工吧。你若是给我们搞来了牦牛尾巴，我们就给你洗衣服。

老蓝脸色像夏天的雪山，有了一丝暖气，说，那好吧，一根牦牛尾巴合一件衣服。

我和河莲大惊失色，说老蓝你太黑！一柄拂尘少说也有几千根牦牛毛，这样洗下去，十根手指头还不搓得露出骨头来！

老蓝微笑着说，我的意思是我给你们每人一柄拂尘，你们只需为我洗一件衣服即可。

我很惭愧，觉得自己以小人之心度君子之腹。河莲到底深谋远虑，说您让我们洗的那件衣服，该不会是皮大衣吧？

老蓝说，普通的外衣，就是脖领上的油泥稍厚了些。

事情就这么说定了。老蓝是个说话算话的人，当我们催他把外衣赶快送来时，他总是不好意思地说，牦牛尾巴还没搞到，还是以物易物好，我不喜欢拖欠。

一天，老蓝提着麻袋来了，往地上一倒，一团黑黑白白夹杂的毛发，滚到地上。河莲说，大啊，简直像谋杀案里的人头。

老蓝说，这就是牦牛尾巴，剩下的事，我就不管了，你们俩自己分吧，互相谦让着点，别打起来。

河莲说，老蓝你没有搞错吧，这团毛黑白相间像围棋子似的，是牦牛尾还是荷兰黑白花的奶牛尾巴？

老蓝说，你想得美！娇气的荷兰奶牛，还能在这海拔五千米的高原活着？挤出的就不是牛奶，而是牛骨髓了。这是地地道道的牦牛尾。

河莲说，那为什么不是白的？

老蓝说，我不是跟你们讲过了吗，纯白牦牛极其少见，这种黑白交叉的也不多，算稀有品种呢。最大路的货是褐色的，还有黑的，没掸灰呢就显出脏，不好看。

我们只得谢谢他，然后自己开始洗涤和分割牦牛尾巴。

先用清水泡，再用碱水反复搓洗，最后用洗发膏加工，在阳光下晾干。直到抖开时每一根尾丝都滑如琴弦，柔顺地搭在我们的胳膊上，像一道奇特的瀑布。

河莲说，它黑的黑、白的白，好似中老年人的头发。虽说是珍稀品种，终是不大好看。我想，咱们能不能把黑白两色分开，一个人专要黑的，另一人专要白的。要知道有一句谚语说，单纯就是美。

我晓得河莲是很有谋略的，赶忙先下手为强说，那我要白的，你要黑的。

河莲说，我想出的主意，却被你占了先。好吧，谁让我年纪比你大呢，让你一回吧。

我们于是找来外科专用的有齿镊子，一根根地从牦牛尾皮上往下拽毛。河莲把黑色的归成一堆，我把白色的拢在一起。尾毛长得很牢实，像一根根长针扎进皮里，挺费力气的。但是一想起我们每人将有一把纯色的拂尘，我们干得还是很起劲，一边干一边聊天。

你说人的头发，除了黑的白的以外，还有灰白的。牦牛尾毛要么油黑，要么雪白，怎么就没个中间色的呢？我说。

用心触摸
世界的
温暖和美好

女王的伙伴

人的头发从黑变白，是渐渐老了呗。这头黑白相间的牦牛，是天生的，所以不变灰。河莲解释。

我说，这头牦牛并不老，却死了。我一想起来，心里难过。

河莲说，牦牛死了，尾巴留给我们。它的尾巴那么美丽地活着，它就没死。

我说，人死了以后，也该有点美丽的东西留在世上啊。

河莲说，是啊，我们一定要给人间留点什么，才不算白活过。

正说着，我突然发现了一个致命的问题——牦牛毛拔下来以后，我们有什么法子再把它做成一柄拂尘？

普通的拂尘制作工艺很简单，把长着牛毛的尾皮，直接钉在一根木柄上，在木柄上画点花草，再涂上一层清漆，就大功告成了。可是脱离了皮的毛，怎么钉在木柄上？

也许在特殊的工厂里，可以把单根的毛发，用强力的胶水，栽到布或是皮革上。但在荒凉的高原，我们没有任何办法！

河莲捶胸顿足，懊悔自己智者千虑，有此一失。不过，她很快恢复了镇静，说，事已至此，我们只有一个办法。

我忙问，什么办法？

她一字一句地说，把所有揪下的尾毛，都扔了。

我说，这算什么办法呢？

河莲说，而且永远不对别人说。咱们实在太蠢了。

我们沿着狮泉河走，把撕下的牛尾毛，挽成两个大大的毛圈，抛进清澈的河水。它们像两位黑发与白发美女的遗物，打着旋儿飘荡着，半个环浸入水里，半个环挂满阳光和风，好像水下有两只巨手托举着它们，缓缓地浮沉，飘向远方。

由于失误，剩下的牦牛尾巴，再裁成两份，就比较单薄了。我们只有在木柄上多下功夫，精心打磨，请了画画最好的人为我们各画了一幅雪山风景。别人见了，都说我们的牦牛拂尘，小是小了一点，但十分精致。

心情总算好起来。河莲突然又叫道，糟了！

我摸着胸口说，河莲你别一惊一乍的，我算叫你吓怕了，又有什么糟糕事？

河莲说，我们俩的牦牛尾巴是来自同一条牦牛，不但颜色是一样的，连毛发的根数都几乎相等，木柄也是同一个人画的，除了咱们两个以外，别人怎么能分清哪个是你的，哪个是我的？

我说，哈！这算什么事啊，你忘了咱们俩有一个巨大的区别了？

河莲说，是什么？

我说，你家在南方，我家在北方，我们以后把牛尾拂尘挂在自己家的墙上，隔了十万八千里，哪里会弄混！

河莲说，我真是糊涂了。这世上是没有两头一模一样的牦牛的，像我们俩这种黑白相间的拂尘，注定也只有这两柄。以后，无论我们到了什么地方，都会记得这头牦牛，都会记得我们一起度过的时光。

特殊摄影师

　　女孩子都喜欢照相。哪怕是最丑的姑娘，也会在青春年华，偷偷地留下倩影，没人的时候反复端详，找出面容上最经看的部分，为自己鼓劲。而且相片这东西还有一个特点，就是拍照的当时，你基本上都不满足、不中意，随着时间的流淌，逝去的时光变得越来越宝贵，你就后悔当初为什么不多照一些相片了。

　　高原上的女兵，对照相这件事的认识，一直很清醒——这就是抓紧一切可能时机，尽可能多地留下照片。倒不是有什么先见之明——想到在白发苍苍的时候，可以指着自己早年间的照片，瘪着没牙的嘴，对小孙女说，看，奶奶当年也有英姿勃发的时候，怎么样，很靓的吧——主要是我们兵龄不长，穿上这种新军装的样子，自己还没有欣赏够，就被运到了雪山上。家里人、同学、老师、朋友、亲戚等等，跟在屁股后面要你寄照片回去给他们看看，要是久久寄不到，简直怀疑你这个兵是个冒牌货。照相成了当务之急。再说周围的景色，实在是太像火星了，寸草不生的岩石，给人一种宇宙人的感觉，我们也急不可待地想让远方的人欣赏和惊讶。

　　到达高原，我首先知道了女厕所和食堂的方位之后，第二个

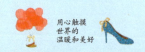

用心触摸
世界的
温暖和美好

急需打听的问题就是照相馆在什么地方。

接受我询问的是个小伙子，个子高大，相貌英俊，缺陷是脸色有些苍白。他自我介绍姓胡，是个技士。我想问对了人，老头有可能不知道照相馆的位置，这模样的同龄人必会了如指掌。

胡技士很惊奇地看着我，好像我问他的不是一处平常所在，而是赌场或是火箭发射塔，停了一会儿才说，这里不是平原，没有照相馆。

我说，怎么会？雪山上这么多兵，远方的家里人就不想知道自己的孩子变成什么样了吗？就是他们自己不想照，家里人也会催个不停。

胡技士说，雪山上的兵，并不像你想的那样多。就算每个人每年照一张相，照相馆也没多少生意，摄影师会饿死。

我说，我，还有我的战友，就是说所有的女兵，一年每人最少会照十张相。

胡技士冷笑起来说，就算你们每人一年照一百张相，也没用，你们才几个人！

我说，还有你们嘛，人多力量大。

胡技士说，我两年才照一张相。主要用途是相亲的时候，家里人给对方看一看，就足够了。剩下的事，就是省下钱来把看过我相片的女方娶过来。

我对胡技士悲天悯人地摇摇头。在照相方面，此人实在是胸无大志，不可救药啊。

我把从胡技士处得来的情报，告知女友，屋内一片哀鸣。片刻后，小鹿第一个打破悲痛的气氛，对我说，咦，你不会搞错吧?

我很气愤这种明显不信任的口气，马上同胡技士站到一个立场上，说高原上只有这么些兵，就算把照遗像的概率都考虑进去（遗像每次要照很多张），摄影师也要饿个半死。

小鹿不服，说你从一个光着脚的人那里，是打听不到卖鞋的地方的。

我反驳说，既然大家都光着脚，你凭什么断定这里有鞋铺?

正吵得不可开交，小如到外面转了一圈回来，说，百闻不如一见。我一个新发现，在不远处的僻静角落，有一间小房子，上面有个牌子，写着"照相室"。

我傻了眼，说小如，你没有骗人吧?

话刚出口，我就用手捂住嘴，小如哪里是骗人的人? 再说，我从心里希望这是真的。小如并不计较我的怀疑，很诚恳地说，我也搞不清那到底是个什么地方，安静极了，也没个人可问。要不，咱们一齐去看看吧。

我们三个立刻跑出去，剩下的人等我们消息。七拐八拐，果然找到了一所孤立的小屋。千真万确，门楣上悬挂的牌子上写着——照相室。

周围很静，好像是被人遗忘的角落，但打扫得很干净，分明透出经常使用的痕迹。

这是一处秘密照相点，摄影师怕被人打搅，所以弄得很隐秘。小鹿很有把握地说。

小如过去敲敲门，里面一点动静也没有。小鹿说，你动作太轻，好像是敲幼儿园的门。看我的!

她捏起空心拳头，直擂两页门扇的接壤处，木板的震动加上铁插销的共鸣，一时间好像闹起了小型地震。

谁啊？耐心点！正洗相呢，等一等！里面回答。

天地为证，我们几双耳朵，都清清楚楚听到了"正洗相呢"这句话。啊呀呀，踏破铁鞋无觅处，得来全不费功夫。小鹿满脸功臣神色，好像这个照相室是她在片刻间用拳头砸出来的。小如比较有涵养，一声不响退在一边，但掩饰不住的兴奋，还是把她的嘴唇烧得更红了。她是我们之中最漂亮的女孩，自然对照相有着刻骨铭心的热爱。至于我，满脑子想的是，赶快把胡技士揪了来，让他揉着眼睛，目瞪口呆地向我们道歉。

等待中好像过了一千年，门终于沉着地打开时，我们看到了一张血色不足的脸。因为长时间在暗室里工作，摄影师眯缝着眼，一副见不得天日的样子。

揉着眼睛，目瞪口呆的人——是我，那个摄影师不是别人——正是胡技士。

我说，你怎么在这里？

他说，我怎么就不能在这里？我一直就在这里工作啊！

我火了，你说这里养不活摄影师，原来是自己在吃独食啊！

胡技士愣了片刻，好像突然明白了，说，看来我们之间有点误会，欢迎你们参观我的工作间兼暗房。

我们三个鱼贯而入，小鹿在我耳边低声说，原来你和摄影师早就通了消息，倒把别人蒙在鼓里。

我抗议道，谁知道他在这里像个特务似的潜伏着啊！

屋里很黑，一盏红色的小灯，好像糖稀已经融化光了的冰糖葫芦，几乎没有光芒，只是一个稳定的红球，用朦胧的光晕勾出大家的身形。地当中摆着一台硕大的机器，桌上有一个盛着药水的白瓷方盘，几张底片，红鱼一般泡在水里，看不清眉目。

你的机器比一般照相馆的复杂多了，照出的相一定也要漂亮得多。小鹿四处张望着说。

漂亮不敢说，比一般照相馆清晰，那是一定的。胡技士似笑非笑地回答。

只是你这墙上没什么好背景，海呀小亭子什么的，拍出来一片煞白，怪扫兴的。不过，也凑合啦，主要是把人物表情拍好就成。不知道你手艺如何？小鹿很内行地评点着。

红灯下，胡技士的脸红彤彤，说，我经过正规学校三年学习，手艺应该是没问题的。

哟，光一个照相，你就学了三年，那可真是老师傅了。小如说。

胡技士的脸更红了。

我说，胡技士，你什么时候给我们照相啊？

胡技士说，我照的相和你们平常见的相片不大一样。不过，按我的观点，一个人一生是应该或者说是必须留下这种相片的。

小鹿说，我的相片的最大意义，就是要照得比我本人胖，这样我妈看到的时候，就不会哭了。要不然，她一定会流着眼泪说，看，我家小鹿太瘦了，简直变成鹿脯了。

胡技士说，我能做的事就是实事求是，保证与你本人分毫不差。

小如凑到我的耳边说，我怎么觉得他这个照相馆与众不

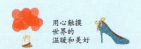

用心触摸
世界的
温暖和美好

同啊？

我揣测着悄悄回答，咱们平常照相的时候，看到的就是摄影棚那一小点地方。山上房子有限，把很多后期工作的设备都挤到一起了，难怪咱们看着眼生。

小如半信半疑地不再说话。

小鹿说，今天我们好不容易找到这个地方，你是不是就百忙之中为我们了此心愿？

胡技士迟疑了一下，还是答应下来，问道，你们谁先来啊？

小鹿当仁不让说，我先来。

我说，小鹿，冲锋的时候你也这样勇敢就好了。

我们躲到一边。小鹿站好，庞大的机器移动起来。那钢铁家伙看着蠢笨，活动还挺灵巧，按照胡技士的指挥，左旋右转，好像是大象在跳舞。

好，你站好，不要动，头稍向左一点，好，就这样，屏住气，坚持一下，对……好，好了……现在我们再照一张侧面的。你的头转过来，对着墙壁……很好……好！

胡技士口中念念有词，像符咒一样，小鹿就像木偶，服从摆布。不一会儿，照相结束。小鹿松弛下来，马上又痛苦地大叫，哎呀，我忘了说"茄子"了！

什么茄子？咱们这里一年无菜，不要说茄子，能有蔫萝卜吃吃就是天大的福气了。胡技士不屑地说。

不是吃的茄子，是表情。茄子会使我的嘴角微笑，你这个摄影师，也太不负责任了，为什么不提醒我注意表情呢？哼，要是照出一副哭表相，我要你重照！小鹿不依不饶。

用心触摸世界的温暖和美好

放心好啦，我绝不会把你照成哭丧相的，表情并不重要。胡技士很有把握地说。

轮到小如了，她按照小鹿的位置站好，很矜持地微笑着，看来想留下一幅倾国倾城的玉照。没想到胡技士说，我不给你拍面部了……

小如大惊道，你难道要照我的后脑勺吗？或者说是照没有头的相，只剩脖子以下部分？那不成了无头女尸！

我说，小如你别胡说，摄影师说的是背影。小如你自己不知道，你的背影真的很好看啊。

没想到胡技士不客气地纠正我说，不是拍背影，是拍手的特写。

轮到我们把嘴张成三个大大的"○"，齐声问，手？那有什么好拍的？不是白白糟蹋胶卷吗！

胡技士不理我和小鹿，单独对小如说，我看你哪儿都很完美，只是身高欠缺一些。拍了你的手，我就能知道你是否还有长高的希望。如果多吃些钙，可能会有帮助的。

我和小鹿大眼瞪小眼，不知该说什么。搜肠刮肚也不记得以前的照相馆，是否还开展过测量身高的业务。小如的脸兴奋得比灯泡还红，她知道自己是美女，但对不足也有很清醒的认识。现在有人说能帮她，自然十分感激。

于是，小如伸出纤纤素手，按照胡技士的指挥，做出五指并拢的角度，规规矩矩照了一张手相。

好了，下一个。胡技士又恢复了淡淡的语气。

就照一张啊？小如有些不满足。

一张就足够了。胡技士不容置疑。

轮到我了。照头还是照手？我问。

胡技士从头到脚打量着我，半天不作声。我吓了一跳，心想他不会让我照一张"脚相"吧？我昨晚上忘了洗脚，万一当众亮相，在这密闭的屋子里，定是有碍大伙的鼻子。

阿弥陀佛，胡技士网开一面，说，就照一张半身的吧。

大家留影完毕，小鹿说，什么时候取相？

胡技士想想说，如果没有其他特别的工作打扰，下午你们就可取相了。

小鹿说，这么快！你不收加急费吧？

胡技士说，用的都是边角料，基本上是废物利用，不收钱。只是请你们保密，不要对别人说，那样，工作量太大，我招架不了。

从那间写有"照相室"的小屋出来，我们三个乐得合不拢嘴。午饭的时候，我暗自笑了好几次，差点把饭粒呛到气管里。

下午，我们如约又到了胡技士的工作室，这回房间没上锁，我们走进去，胡技士说，正好，片子刚制作出来，效果还是不错的。

我们急不可耐地要观赏自己的尊容，忙说，请把相片给我们，到太阳底下去看。

胡技士说，还是在屋里看得比较清楚。

小鹿说，你这个屋黑得像个菜窖，要看也得把窗户打开啊。

胡技士说，那倒不必，我有特殊的灯光设备。

说着，他打开竖在桌上的灯箱，雪亮的荧光灯把一大块毛玻

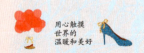

用心触摸
世界的
温暖和美好

璃照得像半透明的冰川。胡技士拿起一张照片，往特殊的夹子上一戳，相片就镶在了玻璃上，影像顿时纤毫毕现。

首先映入眼帘的，是一个骷髅头，眼眶凹陷，鼻骨高耸，嘴巴是个黑窟窿。

老天啊，这是什么？是你从坟墓里挖出来的死人头吗？小鹿惨叫起来，指甲深深地抠进我的胳膊。

这正是你的头颅正位片啊。胡技士说着，把另一张底片镶入玻璃。这次出现的影像更恐怖，是半颗惨淡的人头白骨。

不等我们缓过神来，胡技士又把一张较小的底片插上玻璃，在雪亮的灯光中，一只枯瘦如柴的手骨架像九阴白骨掌似的，五指朝天，冷冷地戳向天花板。

胡技士面向小如说，这就是你的手指骨骼图。观察骨骺融合的情况，你还很有长高的潜力。今后你多吃点钙吧。

胡技士马上又换了一张片子……不用说，那是我的半身像了。我凑过去一看，吓得闭上眼睛。从此，我算明白什么叫"形销骨立"了，骨头架子上，倾斜着摆着一列肋骨条，每一根都似巨大的丝弦，好似能奏琵琶古曲《十面埋伏》。

我们终于明白了胡技士的所谓"照相"，就是——X光拍片。

你这不是鱼目混珠，取笑人骗人吗！小鹿怒不可遏。

我可没骗人，一开始我就说，我的相片和别人的不同。在医学术语里，X光就是叫照相。我在医校学了三年放射专业，不信你们可以去查档案。胡技士不急不恼，含笑辩解。

可你这样的照片，我怎么能寄给妈妈？老人家还不得以为我已变成了饿死鬼？小鹿愁眉苦脸。

寄给妈妈是不妥，但自己保存很有必要。人有一张自己的骨骼图，就像拥有永不褪色的证件，无论你的外形怎样变化，骨头是不变的。比如希特勒的尸体被烧焦了，最后确认身份，靠的就是他生前看牙病时拍的 X 光片。胡技士谆谆教导我们。

小如本来对胡技士心怀感激之情，因为给了她一个好消息。听到他总是谈论不祥的事情，忙说，说点别的吧，老讲这个，让我想起谋杀案来了。

胡技士说，很抱歉，让你们生出不美好的想象。但我真的非常热爱我的工作，恨不得让天下所有的人，都拍一张 X 光照片，留作纪念。

我说，胡技士，您的敬业精神当然很让人感动了，可是我们的实际问题并没有得到很好的解决啊。我看你这儿洗相的家伙挺齐全的，虽说你的专业是照骨不照皮，毕竟沾亲带故。你就给我们想想办法，拍几张正儿八经的照片吧！

大家都眼巴巴地看着他。胡技士搔搔头上的白色工作帽，说，只有一个办法，就是你们让家里人寄胶卷来，我在这里想办法借照相机，然后给你们照相。X 光片和普通胶卷的冲洗过程大同小异，我努力摸索一下，估计问题不大……

小鹿打断他的话说，别光是底片啊，我要看真正的相片，布纹纸或是斜光纸的……最好能放大，要是你再学会了上色，那就更棒了。

胡技士说，那还得找人买相纸、显影液、定影液、烘干机、上光机……麻烦着呢……谢谢你对我的信任。

小鹿说，艺不压人，我们愿意当你的试验品，你就好好练本

用心触摸世界的温暖和美好

事吧。

胡技士哭笑不得地说，试试吧，最好别对我寄太大的希望。

我们谢了胡技士，拿着生平最丑陋最古怪的相片回了宿舍，不敢给任何人看，自己也不敢看。尤其是夜里，烛光下，它能给人一种神秘莫测鬼魅丛生的感觉。不知她俩的留影后来如何处置，反正我把那张"琵琶精"照片偷偷给扔了。不管它在科学研究上有多大的价值，我可不想让自己一副从古墓里爬出来的模样。

至于我们的照相生涯，注定了还要有许多磨难。胡技士虽然热心，终不是专业人员，几次试验都以失败告终。他自我解嘲道，我是一个特殊的摄影师，只能拍那种深刻到骨头的照片。至于血肉丰满的形象，还是留给普通的摄影师们干吧。

在陵园的台阶上吃糖

　　远处的半山坡上，有一排独立的小房子，平日总是锁着大门，大锁锈迹斑斑，叫人怀疑能否打得开。人们走过的时候，总是绕得远远的，仿佛那里潜伏着瘟疫或猛兽。

　　那是医院的太平间。

　　真想不通，汉语里为什么把和死亡有关的事，都叫作"太平"。比如轮船上救生的太平斧，剧场里供大家逃难的太平门……好像一叫太平，再危急的事，也可以化险为夷。

　　但人一死，的的确确是太平了。不太平的，是活着的人。

　　太平间躺着病死的人，基本上是独往独来。高原地广人稀，死亡的事经常发生。一般死了人，都由值班的医生、护士负责给死人更衣。要是轮到女兵上班，男卫生员们就会说，还是我们来吧，省得你们做噩梦。

　　一天，边境线上发生了激烈的战事，伤亡很大。医生们都在抢救伤员，活着的毕竟比牺牲了的更重要。但尸体从前线拉回，卧在太平间，久久地不处理，也于情理不容。

　　领导找到我说，给女兵一个艰巨的任务。

　　我说，您说吧。

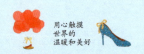

用心触摸
世界的
温暖和美好

领导说，有一个年轻的班长，战死疆场。人手实在不够，要由你们给他更换尸衣，明晨下葬。

我说，还有谁参加？

领导说，还有政治部的一名干事，负责登记烈士的遗物等事宜。他以前处理过阵亡将士的事，有经验，你们听他的。但他身体不好，动嘴不动手，你们要多请示，多照顾他。

我咬着乱颤的牙关，说，是。心想，一个大男子汉，居然要女孩们在死人当前的时候照料他，真不知是他的耻辱还是我们的光荣。

我说，人在哪里？

领导说，干事吗？

我说，班长。

领导说，在三号。

就是说尸体在太平间的第三间屋子。我回到宿舍，向大家传达了这个前所未有的任务，全场先是静寂了三分钟。炉子里有一块烧得正热的煤，"啪"地裂开了小缝，火苗从一大朵分裂成两小朵，发出丝绸抖动的声音。

我说，说话啊，现在又不是为烈士默哀的时间。

小鹿说，烈士是一位男的啦？

我说，阿里高原上的女兵都在这间屋里了，你说他是男的还是女的？

小鹿说，这个我知道，只是要给一个男青年从里到外换衣服，心里总有点那个，是不是连内裤都要换？

我说，是，他是我们的兄弟……

小鹿摆摆手说，大道理你就甭讲了，我都懂。我就权当他是一截木头好了。

果平说，比木头还是可怕多了。要知道，他死了。

小如细声说，咱们平常也不是没有在临床上接触过死人，没什么不一样的。反正都是个死，大着胆子收殓就是了。

河莲说，我看，还是有原则上的不同。病死的人，浑身是囫囵的，就算瘦得只剩下几根大筋，用医学的话讲是恶病质，毕竟五官完整。战死的人，你知道致命伤在哪里？若是在脑袋上，跟关公大老爷似的，头都没有了，或者说头虽然有，但身首异处，需要我们用丝线把脖子和脑袋缝到一起，那咱们可就有得活儿干了。

我本来胆子还大些，听河莲这样一说，毛骨悚然。可我是班长，三军不可夺帅，就狠狠地对河莲说，不得蛊惑军心！现在也不是冷兵器时代，不会出现一把大刀把头剁飞了的情况。就是战伤在头部，也不过是颅脑粉碎性骨折或是大动脉断裂，头骨肯定还是在的。

果平说，哎呀我的妈呀，班长你就别讲了。血肉模糊脑浆迸裂，这比一个头叽里咕噜地滚到一边去了还可怕。

我说，不管可怕不可怕，我们必须完成任务。最简单的一个道理就是，要是你阵亡在这荒无人烟远离亲人的地方，浑身上下沾满血和泥巴，到处是和敌人搏斗的痕迹，你愿意就这模样埋进烈士陵园吗？

小鹿最先说，我不乐意。听我奶奶说，人死的时候穿着什么衣服，到阎王老子那儿就是什么打扮。所以，人的老衣都得是最

用心触摸世界的温暖和美好

好的。我们这么小岁数就不在阳间了，更得穿得像点样子，最好仪表堂堂。

果平说，你那是迷信啊。不过，活着的人，会常常梦见死去的人。要是我们穿得太破烂，家里人在梦中相见的时候，心里会难过的。

小如长叹一口气说，真到了为国捐躯的时候，别的我也顾不了，但我希望给我穿一套干净衣服，不一定是新的，但一定要有香皂味。

河莲冷笑道，人都死了，还管那些。要是我啊，生是什么样，死也是什么样，无所谓，生死如一。也省得让别人心里起腻，在这里讨论来讨论去的。一把黄土埋了，大家清静。

你很难说河莲这番话是正说还是反说，但她刺激了我们，使大家脸上滚烫起来。是啊，都是为了保卫祖国，我们从各地聚集，来到这苍茫的世界第三极。现在有一个兄弟远行了，我们不能在他生前帮他击败敌人，难道在他死后，还不能伸出手去，为他的遗体做点什么，把他打扮得漂亮些吗？

我们排着队，缓缓地向三号太平间走去。一位瘦得像竹子的干事蹲在太平间门口，低着头，好像在看蚂蚁爬。当然了，地上肯定没蚂蚁，这里高寒缺氧，蚂蚁都不肯做窝。

你是小毕班长吧？我姓朱。他伸出手说。

和朱干事握手的时候，有一种被根雕捏住的感觉。我把他左右一打量，决定称他"竹干事"。竹干事拿出一把钥匙，边缘粗糙锐利，几乎没人用过，递到我手里说，你把太平间的门打开。

我说，你怎么不开？

他说，我胆小。

一个男人当着一帮女孩子的面，公开承认他胆子小，你还有什么可说的？我原来只以为他是个病秧子，没想到脸皮还挺厚。我心里也吓得够呛，但当着一班人，只有挺身而出，奋勇向前。

门开了。太平间的屋子并不很大，但给人阴森森的空旷感觉。地当央水泥制成的停尸台上，直挺挺地仰卧着一堆白色物体，依稀看出人的轮廓。上覆一匹宽长的白布，四角垂地，笼罩地面。我们依次走进去，围着尸床站定，默不作声，好像在瞻仰一座雪丘。

竹干事贴墙站着，保持着和尸体最大的距离，对我说，你去把蒙尸布揭开。

其实，从一进了太平间的门，我们已经没有退缩的余地了。无论如何都得把任务完成，这是铁的戒律。但是我讨厌一个男人临阵脱逃的胆怯，更甭提他还是我们之中，唯一处理过阵亡事宜的老手呢。

我反问，你干吗不去揭布？

竹干事很惊讶地说，你们领导没和你说过吗？

我说，说了，说你有经验。

他说，除了这个，就没说别的了？

我只好说，还说你动口不动手。

竹干事说，这就对了。那我现在动了口，你为什么还不动手？

我说，你是老兵，应该给新兵做个榜样，你有经验嘛！

竹干事苦笑着说，我有什么经验？不过就是处理过一次敌方

死尸。那是一个三十多岁的大胡子，两条腿炸断了，原本想就那么连着衣服埋了，后来上级指示，出于革命的人道主义，还是收拾得体面些。第一步要把身上的血污洗了，开始我们用刷子刷，没想到血是刷掉了，但肉也跟着掉。不知是谁想出的法子，在尸体的脖子上套了一根绳子……

我们又怕听又想听，恐惧地盯着竹干事苍白的薄嘴唇。小鹿忍不住哆嗦着下巴问，你们是打算，把他再吊死一回吗？

竹干事不理这碴儿，接着说，我们在尸体的腰当间也拴了一道绳子……

河莲说，我的天，该不是要五马分尸吧？

小如掩着半边嘴说，有革命的人道主义管着呢，别瞎猜，太吓人了。

竹干事有个本事，就是你说破大天，他沉着镇定，一派大将风度，按自己的顺序走，一板一眼说下去。

我们把大胡子上下拴好，就把他沉到河里，拽着两道绳子在河岸上慢慢走。他躺在水里，被太阳晒热的水，从他身上缓缓流过，头发飘着，很悠闲的样子。我们累得够呛，像伏尔加河上苦难的纤夫。大胡子刚开始下水的时候，水是清的。过了一会儿，下游的水流渐渐地变脏了，那是大胡子身上的硝烟和火药末脱落下来。又过了一会儿，水流变红了，那是凝结的血块溶解了……

小如捂着耳朵说，竹干事，求求你，别讲了，我直恶心。

河莲兴致勃勃地说，讲，讲！真是新鲜事，从来没听过！

我从骨子里，是一点也不想听这种可怕经历。可我知道当一个女兵，必要的时候要有铁石心肠。竹干事看起来瘦弱，意志却很顽强，才不在乎你是不是恶心欲吐，坚持按自己的想法行事。

……等到河水再次变清的时候，我们就把大胡子拉到岸上，平放在岩石上……竹干事依旧平静地叙述着。

大胡子的肚子是不是胀得像个鼓？河莲嘟起自己的腮帮，好像自己也被人按到水里，淹了个半死。

没有。溺水的人腹胀如鼓，那是因为在水中挣扎，把太多的水灌入胃里，或是死后尸身腐败，产生气体所致。大胡子是死后入水，牙关紧闭，肚子里没进水。再说，我们很快把他从水中拖出来，他也来不及腐败。竹干事很科学地解释。

可他总会有一点变化的，就像我们在水里洗衣服，时间长了，手指肚也会泡得发白。果平很有点打破砂锅问到底的英雄气概。女孩子好像有个通病，越可怕的东西，越好奇。

竹干事有些惊异地说，你有经验，猜得很对。大胡子被流动的河水，洗得很干净，皮肤稍微有一点肿，这使他看起来比我们刚认识他的时候胖了一点。我和我的战友们坐在河滩的巨石上，谁也不说话，抽着烟，静静地等着呼啸的山风和西斜的太阳，把大胡子吹干。突然，我的战友站起来，走到大胡子身边，把一支点燃的香烟塞到他手里。我说，这是干什么？战友说，我刚才拖他的时候，看到他右手的食指和中指肤色很黄，说明他是一个老烟鬼。他躺着看着咱俩吸烟，一定眼红得不行，给他解解馋吧。

我看着袅袅的烟气，像风车一样，在大胡子胸前绕啊绕……

后来呢？我们几乎异口同声地问。

没有什么后来。竹干事说。后来大胡子被风吹干了，衣服和脸都很干净，只要不看他的膝盖以下，像一个旅游时睡着了的异

用心触摸世界的温暖和美好

国人。我们给他的遗体照了相，按照他们的风俗，用白布裹起来妥善地安葬了。每一步处理都照了相。听说这些相片都在外交部的铁匣子里放着，作为曾经发生的历史，保存着。

屋里很安静，好像大家都消失在空气里了。许久后小如说，我以后再也不喝狮泉河的水了，它洗过死人。

竹干事说，你尽管喝水就是。洗过死人的狮泉河水，早就流进印度洋，只怕现在都到北冰洋里打旋涡了。

河莲最先从故事中苏醒，说，竹干事，你既然这么有实践经验，为什么非要我们班长揭开盖布，何不身先士卒？

竹干事说，你以为我不想在女孩子面前表现英雄气概？只是从那次以后，一碰到和死人有关的事，我就骤发心动过速，吃什么药也不管事，真气死人。也不是害怕，我当时不害怕，以后也不害怕，但我脑子不怕，心却不争气。战友们都知道我这毛病，凡是和后事沾边的活，一概不让我参加。这次战事较大，大家都很忙，是我主动要求处理尸首的。这会儿心跳已经像锣鼓点了。我就不亲自动手了，请诸位娘子军原谅。

我们表示充分的理解。只是河莲嘟囔了一句，竹干事，可惜了，你这个样子，恐怕当将军无望了。

我义不容辞地走上前去，揭开了尸床上的盖布。我的动作很大，想象中，那布该是冷重如山。不想白布像云一般，飘然飞起，在半空中平平地伸展开，好像被一股神奇之气横托着，久久才悠然而落。一名年轻士兵的脸，像新月一样，洁白光滑地对着天花板，静静地躺在水泥床上，眼皮微睁，蝌蚪般漆黑的瞳仁，稍微倾斜地看着我们。

悚然震惊！

在揭开这块布之前，虽然他明明就在我们身边，我们下意识里以为他未必真的存在。揭开这块布以后，他以极大的威严君临一切，不存在的是我们。

他穿着很整齐的棉军装，只是腰间有些臃肿，好像揣了几颗手雷。其他部位严谨利落，并无血迹，一时间竟看不出伤处所在。脸如同大理石雕刻，因为失去了热血灌注，就像高大的乔木在冬季落尽叶子，线条刚硬简洁。嘴唇的曲线因为死前的痛苦与坚忍，略有弯曲，好像有一句很重要的话，封闭在紧咬的牙关之后。他的手很规矩地半握着拳，紧贴着裤线安放着，似乎准备随时收起肘关节，取胸前半端位，唰唰摆动起来，应和着口令开始跑步。

竹干事挤在墙角嘶哑着嗓子说，先找到伤口，然后清洗，然后给他穿上新军装。旧衣服里面的每一件遗物，都要告诉我，我好做登记。如果有钱什么的，更要保存好，以便交给家属。

我们无声地点点头，表示明白了。

我轻轻地走到班长面前，解开了他棉衣的扣子。那些圆滑的塑料扣子，因为一直在冰冷的太平间里沉浸着，摸在手里，如同机器制造的冰雹。我的手指不一会儿就冻僵了，解得很慢，大家凑过来要给我帮忙。我说，河莲站对面，暂时有我们两人就够了。别的人听我指挥，需要什么东西，你们好去找。

我知道给死人脱衣穿衣，比给活人做这套动作麻烦多了。本来只以为他不会配合，操作者多费点力气就是，干起来才明白，生死这道分水岭，把简单的事变成了一道天大的难题。

用心触摸世界的温暖和美好

梦中的一株玫瑰花

上衣扣子解开后，局势开始明朗。腰间的膨出更加明显，暴露出白色的三角巾，那里必是致命的伤口所在。三角巾其实完全不能再称为白色，它被鲜血染成通红之后又凝结为深咖啡色，坚硬干燥，像是一块巨大的巧克力板。

我企图把它解开，马上发现是痴心妄想。血液凝固再加冷冻，强度赛过钢板。我头也不抬地问，腹部缠着浸满陈血的三角巾，解不开，怎么办？

我知道竹干事在远处密切注视着事态的进程，以他的经验，随时准备答疑解难。

先把情况搞清楚。竹干事指示。

我观察了一下三角巾，因是战友匆忙包扎，不似专业医务人员规范，有的地方紧，有的地方松。我把手指探到血绷带之下，艰难地暗中摸索。先是在腹部正面触到半个圆滚滚的东西，好像是老式的台灯罩，然后又在它的四周摸到一摊腻滑的东西，好像是盘起来的电缆。经过卫生员训练，我对人的肚子部位大致该有什么，已是心里有数，但对这摊物件，实在想不出是什么，颇感莫名其妙。

看我愣着发呆，竹干事说，摸着什么啦？

我说，不知道。硬，滑，圆，一缕一缕的……

那是肠子。竹干事说。

我结巴着说，在……哪儿？肠……子？

就在你手底下。竹干事把头扭向一侧，不看我，盯着太平间洁白无瑕的墙壁说。

我说，你也没见，怎么知道？

竹干事说，这就是老兵和新兵的不同，干部和战士的区别，咱们吃军粮的年头还不一样呢。子弹击中了这小伙子的肚子，肠子流了出来……就这样，很简单。

既然确定是腹部外伤，伤处就是清洁处理的主要部位。再像挖巷道那样，把手探进去作业肯定不成，需要把三角巾取下来。

拿剪子。我吩咐道。

小鹿说，拿哪种剪子呢？

我们每个人只有巴掌大的旅行剪刀，平常剪个补丁什么的，还可凑合。对付这种血染的绷带，简直是头发丝系轮船，力不从心。炊事班还有几把抠鱼鳃破鱼肚的大铁剪刀，用于烈士身体显然不敬。我略一思索，转而对果平说，去，把手术室的剪刀拿来。

按说我一个小兵，没权私自把手术室的装备带到太平间，但县官不如现管，果平是手术室的护士，我是她的班长，调把剪刀出来，还不手到擒来？

果平跑出又跑进，把锋利的手术剪刀递我说，给。

我操刀就剪，原以为必然势如破竹，没想到不锈钢的剪刀，只把血纱布豁开一个小切口，就再也推不动了，好像用刮胡刀片切西瓜，深入不下去。

我埋怨果平，你这剪刀也太钝了。

果平委屈地说，我特地挑了把新的呀！

我说，那就换大号的手术刀。

果平刚要再跑，竹干事说，刀也不一定行。手术器械，都是给活人准备的，自然以小巧精确为上。对付死人，又是血又是泥的，搅到一块儿，比混凝土还结实，好比是秀才遇见兵，没用。人已经死了，就不必考虑那么多了，用锯吧。

我对小如说，你到木工房去一趟，借把锯来。

小如说，他们那儿正赶做棺材呐，不一定借得出来。

我说，就一会儿，跟他们说点好话。再说了，咱们这儿要是不给烈士穿好衣服，他们的棺材里躺谁啊！

小如拔腿走，竹干事说，顺便再借个木匠来。

小如说，干什么啊？

竹干事说，谁能使锯子？你们还是我？我是会，可这会儿我的心跳已经一百八十下了，没法干活。也许我官僚，调查研究不够，你们这里还有女木匠？

河莲鼓了鼓嘴巴。我知她老爹是将军，指挥打仗可能有遗传，但木匠肯定没练过，把嘴鼓成蛤蟆也没用。

小如说，借借试试，但锯子有百分之八十的准头，木匠只有百分之二十的把握。

竹干事说，你先去，木匠如果不来，我就带着枪去请。

这事就算商量妥了。没想到河莲说，用人工多慢啊，用电锯多好啊。

我没好气地说，到哪儿找电锯？

河莲胸有成竹，说手术室就有电动骨科锯。

果平说，啊呀，我倒忘了，真是有的。只是平时极少用，只有截肢的时候才拿出来。河莲你眼里真有东西，连我这个手术室护士都没想到。

河莲说，你忘了我曾在手术室代过几天班？你的家当都印在

立　春

我脑瓜里了。随时留心地形地物和一切地面设施的分布与功能，是一个优秀军人必不可少的素养……

我打断她说，河莲，那你会用电锯吗？

河莲做出不好意思的模样说，真叫你猜着了，我偷着练过，还真能凑合着用。

果平惊道，你本事可真大，就差没偷着给自己开刀了吧？

河莲惭愧地说，我用锯没有师傅指点，按照书上写的自己摸索，操作不一定正规，也算是自学成才。

果平取回骨科电锯，寒光闪闪，令人生畏。河莲接过来，对着烈士说了一句，大哥，我自知手艺不精，可事到临头，只有我为您做这件事了，您就多担待着点吧。我呢，手下也悠着点劲，好在您那么重的伤都忍了，这会儿感觉也不灵敏，熬一熬，马上就过去了。您要没什么意见，咱这就开始了。

我们扭过头看看尸床上的班长。千真万确，我们都看见他眨了一下眼睛。

河莲说完，操着电锯，接上电源，跃马横刀，就在血板上操练起来。电锯发出暗哑的噪音，像是一头沉闷的野兽在呜咽。布三角巾的纤维应声断裂，沿着锯口的边缘卷曲起来，每根布毛的外周都是暗褐色的，但血未能浸透的内芯，还保持着布的本色，好像一种外红内白的奇异羊毛，被一根根扯断了。

机械化就是比手工快得多，片刻工夫之后，血板像断裂的盔甲，碎为两瓣。河莲放下电锯，用力一掰，血板就像散了桶箍的木板，向两侧打开。班长神秘的腹部，暴露在众人眼前。

真相大白。

他的下腹部是一个触目惊心的大弹孔，肠子汹涌地流出来。急救时，战友们用一个大号军用饭碗扣在肠管上面碗口罩不住，长长的肠子就盘在碗的四周，好像水泥管子上头盖了一顶小草帽。

竹干事远远地看了一眼，闭着眼睛说，把碗取下来，把肠子塞回去。

这无疑是正确的。但人的肠子流出来容易，塞回去可不那么简单。首先是碗取不下来，它和肠子紧密粘成牢不可破的一坨，好像埋藏千万年的化石。

当然，可以再用刀锯之类，强行把碗取下。但无论怎样小心，也会伤了班长的肠子。哪里能忍心让战友再受伤害！我们盯着竹干事，等他拿主意。

竹干事眯缝着眼，似看非看地朝着这面，想必也在发愁。

点火！竹干事说。

烧哪儿？我们齐声问。

当然是烧炉子！莫非你们还想把房给烧了？竹干事火了。

太平间里是没有炉子的，当初盖屋的时候，设计者一定想死人不需要保暖。今天为了让凝固的肠子和饭碗分开，必须加热太平间。

搬炉子架烟囱来不及，我们分头从别处找来几个炭盆，把燃烧的红柳根放进去，围着尸床摆了一圈。旗帜般的火苗，在盆里欢快地跳跃着。由于冷热空气的剧烈对流，火舌会突然冲出盆子的上空，互相勾引着，在一个极短的瞬间，在空气中融成不规则的火环。然后又气急败坏地分开，独自很有弹性地跳动着，给屋里带来春天的气息。静卧着的班长的头发，被气流吹开，惨白的脸庞，反射着金粉色的光辉。

等待，等待铁和血的分离。许久，许久。我们默不作声，在死去的人周围架起火焰，让人有一种宗教般的感悟，说不出话来。竹干事似乎受不了压抑的气氛，到屋外换气。

有滴嗒的血水从尸床上流下。河莲用手轻轻一拔，碗就取掉了。

我们都倒抽了一口冷气。没了饭碗的掩饰，致命的伤口更加狰狞可怖。血肉横飞不说，透过肠子的缝隙，依稀看得到尸床的水泥板。

腹部贯通伤！河莲叫起来。

更可怕的还在后面。班长正面的伤口很吓人，背部的枪眼却很小。敌人丧心病狂地使用了国际上禁用的汤姆弹，炸出了巨大的创面。

河莲严峻地说，班长，你知道这说明了什么？

我茫然地说，说明了敌人很残暴，还说明什么呢？

河莲愤怒地说，还说明了子弹是从背部射入的，说明在战斗中，这位班长是用脊梁骨对着敌人，也就是说，他是——逃兵！

这怎么可能？一时间，我们呆若木鸡，赶快用眼睛搜寻竹干事。他领着一个圆圆脸的小兵，正好迈进门。

这是和班长烈士一起参加战斗的战士，让他给你们讲讲经过吧。竹干事看着地面说。

圆圆脸听到了河莲最后的话，怒火冲天地说，谁说我们班长是逃兵，谁就是敌人的奸细……

我们当然知道河莲不是奸细了，但圆圆脸的心情也可理解。

听他讲完，我们才知道子弹为什么从背后击中年轻的班长。

在边界上活动的叛匪，极端剽悍骁勇。他们奉行一种打得赢就抢、打不赢就跑的策略，经常从国境的那一端武装回窜，见了老百姓的牛羊就抢，然后一声呼哨，流窜回那边，围着篝火烤着抢来的羊腿，吃个一醉方休。待到羊腿吃光，舔舔嘴唇，他们又开始策划下一轮的抢劫了。

老百姓遇难，首先想到的是找边防军。这一天，有人报告，叛匪又来了，抢了牛羊，正在向格乐山口逃窜。边防军兵分几路，向格乐方向飞驰，力争在国境线的这一面，把敌人堵截住，把老百姓的牛羊救下。

我和班长一路，我们跑得最快，班长做梦都想立功。圆圆脸说。

前面是一座高山，有一个山口。我们骑着马，旋风一般向前冲去。马上就要到山顶了，按照常规，应该下马，匍匐前进，侦察好前面的情况，再继续追击。可是班长求胜心切，怕敌人赶在我们前面撤回国境那边，就大叫了一声，同志们，跟我冲啊！第一个飞上了山顶。叛匪多么老奸巨猾，他们算定了边防军一定会拼命堵截，就事先在路上埋伏好了，把枪口的准星和山顶对成了一条线，只待我们的人马一出现，就开枪阻击。在平常的电影和小说里，都是我们打鬼子的埋伏，其实，敌人也会这一套，也能给我们布个口袋阵。班长骑着马，冲上顶峰的那一瞬，我正好在班长旁边，稍靠后一点。班长英武极了，背后是雪原，像是天兵天将。没想到，就在这一秒钟，敌人的枪声响了……他们都是惯匪，加上又有准备，枪法很好，第一枪就击中了班长的马眼。那马眼珠迸裂，一声嘶鸣，痛得腾空跳了起来，疯狂地掉转了身子……正在这时，敌人的第二枪赶到了，他瞄的是班长的胸膛，由于战马飞腾而起，转了一百八十度的圈，这发子弹就从班长的背后射入，把肚子炸开。

我们慌了，眼见得班长的肠子，像绳子一样地掉出来。我们喊，班长班长……班长说，喊什么，没见过人肠子，还没见过猪肠子吗！他一边把掉出来的肠子往伤口里送，一边说，别管我！快打敌人！我们立刻开始了还击，把子弹像泼凉水一般地洒过去。叛匪看势头不好，就甩下被打死的同伙和抢来的牛羊，缩回到国境那边。

我们围着班长，他的肠子送回去一部分，还剩一些塞不进去。人的肚子也像箱子似的，有的时候，你要是把东西都翻出来，再放就盛不下了。不知是谁想起，战地救护手册上写过，碰到肠子流出来，要用一个干净的碗扣在上面。我就把饭碗拿出来，那个碗就是我的。

圆圆脸指指炭盆旁的大号军用饭碗。

一个战友撕开了急救包，把班长的肚子包扎起来。班长说，战斗很漂亮啊，除了我，你们都可以立功。我们说，班长，头功是你的。班长说，我口渴……到处都是雪，因为追击紧张，我们都没带水壶，这时就用嘴巴含了雪，化成水，喂给班长……班长的血流个不止，地下成了一片红雪。班长刚开始还能咽下我们的水，但过了一会儿，牙关就越来越紧，雪水也喂不进了。我们吓得不行，有几个人就掉眼泪。班长说，别哭，战士可以流血，不能流泪……我好想家里的人啊……话没完，人就不行了……

圆圆脸说到这儿，泪流满面。

河莲说，合着你们班长连一个敌人也没打死，整个是壮志未酬。没点军事头脑，死得没价值，冤枉啊。

圆圆脸说，不许你这么说我们班长。他只比我大一岁，也没上过军事院校，看过唯一一本讲兵法的书，就是《水浒》。他用命告诉我们，让我们都记住了，打仗会流血。

河莲说，干什么都会流血。

圆圆脸忿忿地说，你们躲在后方，流什么血！

一句话把大家噎得哑口无言。竹干事有气无力地说，分工不同。你去让后勤部把新衣服送来，记着要比平日你们班长穿的大一号，帽子要大两号，鞋要大三号。

圆圆脸走了。大家说，下一步干什么？

我说，把班长全身的旧衣服都换下来。

竹干事说，对。可以用电锯，但记着别把衣服的兜锯破，一会儿还得清点遗物。

河莲很乐意干这活儿，电锯忙碌不停，好像是在锯一棵古树。棉衣锯开了，棉裤锯开了，绒衣锯开了，绒裤锯开了……卸下的衣服堆在墙角，支离破碎。

班长现在像个婴儿一样无牵无挂地躺着，我们开始为他洗澡。我们用新的毛巾，泡在温水里，轻轻绞干，很仔细地给他洗脸擦身。

把班长像件瓷器一般洗干净，新衣服也送来了。穿衣的时候，我们遇到了今天以来最大的困难。新衣服不像旧衣服，可以一毁了事，必得整整齐齐妥妥帖帖套在死人身上。人又不是木板，你说怎么穿？

裤子还好说，我们搬起他的腿，托着他的腰，费了九牛二虎之力，总算穿上了。那一叠肠子不好处理，塞不进去又不能耷拉着，大家就把地上的瓷碗又捡了起来，盖在肠子上，用绷带绑好。除了小伙子的肚子看起来有些大腹便便，基本上说得过去。

关键在上衣。好不容易穿上一只袖子，那一只无论如何也穿不上。班长的胳膊硬如铁棒，完全不会打弯。

给死人穿衣服，是不能一只袖子单穿的，必须扶他坐起来，把他的两只胳膊一齐向后伸展，就像我们平日上双杠做预备动作似的，同时往后悠，两人齐努力，衣服才能穿上。竹干事萎靡不振，声音小得像马蜂嗡嗡，幸好还清楚。

虽说我们和烈士班长相处已经有一段时间了，但一想到要扶他坐起，还是让人不寒而栗。小鹿说，我还是在前面压着他的腿吧，省得他一下坐不稳了，摔到床下。

大家都觉得她有点担子拣轻的挑的意思，可一想她最小，就拉倒了。

河莲主动说，我在后面扶着。你们给他穿衣服，动作要快点，时间长了，我可坚持不了。

竹干事有气无力地说，他怎么也是个小伙子，你是小姑娘。他的分量有你两个沉，要是撑不住了，我帮你。

河莲说，没事，万一顶不住，我就坐到水泥台子上，和他背靠背，小时候玩翻饼烙饼的游戏，都这么来着。

竹干事叹道，好样的，你这丫头有勇有谋，以后能当团长。

河莲说，团长算什么？官太小了，我起码要当到军长。

用心触摸
世界的
温暖和美好

送你一株柚子树

大家说着，颤颤巍巍地把班长扶坐起来。那张原本已经看熟的脸，一旦从躺着变成立着，又使人震惊一次。班长的后身，由于积血形成大片尸斑，全是怪异的深蓝色。他的手向后伸的时候，胳膊也是半只白半只青，煞是恐怖。

　　我们给他穿上本白色的士兵衬衣，把不祥的蓝色遮盖住，然后是绒衣和棉衣。待到一切收拾完毕，我们已累得汗流浃背。

　　班长重新睡下时，身着崭新的军装，除了腰带处有点窝囊，其余精干无比。但是我们在给他穿鞋子戴帽子的时候，困难重重。虽然竹干事未雨绸缪加大了尺码，但班长的头和脚都肿胀了，帽子戴不下，鞋子穿不上。

　　怎么办？我们只有再次请示竹干事。

　　用剪子。竹干事说。

　　剪哪儿？我们不摸底细。

　　剪帽子的后面和鞋的两侧，但要伪装好，让人从正面看不出来。竹干事捂着胸口，支撑着说。

　　我们照章办理，总算收拾就绪。现在，一个军容整齐的小伙子，微闭着眼，英俊潇洒地躺在我们面前，好似胜仗之后在树下小憩。

　　啊啊，总算干完啦！我们小声欢呼起来。当然，当着烈士遗体欢呼，很不礼貌，但死亡既已无可挽回，年轻的士兵，此刻必然也满心希望以最整洁优雅的形象告别人间，大概也会原谅我们。

　　竹干事用眼光命令我们把白布蒙上。他认为只有和烈士隔开，我们才有权大声喧哗。我对他说，你要是不舒服，就去休息。剩下的事，我们能干。我用嘴努了努破碎的旧衣服，心想不

就是抱出去烧掉吗。

竹干事说，剩下的事，你可干不了，那是我的正经项目。说完他掏出一个文件夹，摊开后说，你们谁给我找个凳子来？

烈士躺着，竹干事坐着，我们开始清点并记录军衣兜里的遗物。

钢笔一支，英雄牌，黑色老式。河莲像饭馆里跑堂的小伙计，拉长嗓门报着。

伤湿止痛膏两贴，啊，不对，是一贴半。有一面已经揭掉用了。小如轻声说，刚才我给他擦身的时候，在左膝盖看到那半贴了。想不到年纪轻轻的，就得了关节炎。

竹干事不喜欢婆婆妈妈，说，关节炎是高原病，和年纪没关系。谁都能得，比如你，比如我。接着干活吧。

小鹿高声叫起来，说，哈！你们猜我在他兜里翻出了啥？

竹干事说，大惊小怪什么？一个当兵的，能有啥？肯定没存折。

小鹿不理他，继续兴致勃勃地说，是糖啊。三块真正的水果糖，和发给我们的一模一样的水果糖。

小鹿的手心里，托着几块包着草绿色糖纸的水果糖。摩擦久了，翘起的糖纸几乎掉光，椭圆形的糖块沾着斑斑点点的绿色，好像池塘里的小乌龟。

竹干事放下笔说，这就不必记了，都是军需发的大路货，没什么特别的价值，家属也不一定需要。

看着那三块糖，我突然热泪盈眶。在这之前，我一直无法把死去的班长当成一个曾经活过的人，尽管他在我身边，我仍觉得他是幻影，一切都不真实。但这一瞬，我明白他曾是一个活生生的人，像我一样爱吃糖。我被刻骨的悲伤击中。

在高原上，凡是外出，可能遭遇种种意外。飓风、雪崩、饥饿、酷寒……要想生存下去，你必须要有热量。糖就是最好的热能，所以，每逢有人走进风雪，叮嘱的最后一句话定是——你带上几块糖了吗？

糖，在某些时候，就是生命啊。

这几块糖，是班长临出发的时候，装入口袋的。哦，也许不是这一次，从糖的磨损程度和任务的紧急情况来看，估计是早已放在身边的陈物。糖，是高原的护身符，班长放入这糖的时候，一定是满怀生的渴望。此刻，糖仍在，生命已悄然远去。这几块糖，寄托了班长对生命的眷恋，怎能说没有特别的价值！

我对竹干事说，留着这几块糖吧，送给他的爸爸妈妈，这上面有烈士最后的手印。

竹干事说，女孩子就是事多，多愁善感。

但他还是很给我面子，在登记簿上歪歪扭扭地记下：军用水果糖三颗。

还有吗？竹干事问。

没有了。我们齐声回答。

没钱吗？竹干事追问。

没有。我们万分肯定地回答。

一分也没有吗？竹干事继续问。他倒不是不相信我们，因为事关烈士的遗产，必得一清二楚。

一分钱也没有。我们斩钉截铁地回答。河莲小声嘀咕，山上

一千公里内没有人烟，哪有商店？倒是想用钱买氧气，可谁卖给你啊。

竹干事假装什么都没听见，走到破烂的碎军衣堆前，说，我还得亲自检查一遍，这是规矩。他一块块碎布细细捏着，好像哨兵在搜查敌军的情报。最后拿起一件衬衣的残骸，说这里面有个小兜，你们看了没有？

果平说，没看。那个兜有什么用？装了东西，磨得胸前痛。

竹干事冷冷地说，那是女人，男人总是把最心爱的东西藏在这里。说着，他从衬衣的布条里，抽出一个牛皮纸信封。

我们惊骇莫名，看着竹干事打开信封，他突然"扑哧"一声笑了。我们这才敢围拢过去，端详信封中的东西。

一张四寸大小的彩色照片，花红柳绿一个乡下妞，露着不整齐的白牙，很忸怩地看着我们。

这是班长他姐吧？要不是他妹？可是怎么长得不大像？河莲自语着，顺手还掀开白布单，朝烈士脸上瞄了两眼。

竹干事说，你这个姑娘，一阵聪明一阵傻，有把姐妹的照片这么贴心摆着的吗？依我的经验，肯定是未婚妻。

未婚妻？我们惊叫着，又像铁桶一般围过去，火眼金睛地将那女子看了个彻底。小鹿捂着嘴说，嘻嘻，长得可真难看！

不知是乡下的摄影师水平太差，还是这女子貌不上相，反正从照片上看：眉毛粗重，鼻梁塌扁，嘴唇阔大，牙列不齐。全脸唯一可夸奖的是眼睛，大而圆，有一种猫一般的灵光。

我们之中相貌最好的小如，倒还比较宽容，说，她笑得挺开心啊。

果平说，这照相馆的手艺也太次了，把人脸涂得像猴脸。

照片原是黑白的，为了好看，那女子特地上了颜色。乡下的摄影师用水彩颜料乱涂一气，脸色赤若夕阳，红色还描到脸轮廓以外，像是打碎了的红墨水瓶，洇得到处都是。

小鹿说，我看班长挺漂亮的小伙，怎么找这么一个困难户啊？还把她当宝贝，揣在离心脏最近的地方，真是眼神不济啊！

放肆！竹干事火了，说，她是谁？你们以为是普通的乡下姑娘啊？她是烈士的心上人，是烈士的遗属。现在她还不知道班长的死讯，要是知道了，还不得哭得天昏地暗！你们拿她开心，对得起良心吗？

我们原也没想那么多，只是看着一张可笑的照片，就笑起来。女孩子总是这样的，一件并不可笑的事，只要有一个人开始笑，大家就跟着凑热闹，笑上半天。经竹干事这么一说，问题有些严重。想象那照片上的长着猫眼的姑娘，过不了多久就会悲痛欲绝，我们顿时抱愧无比，大家都低下了头。竹干事看我们蔫了，又安慰我们说，好了，总的说来，你们今天的表现还是不错的。班长虽说没轮上和自己的未婚妻告别，有你们这么多姑娘给他送行，心里也该知足了。

竹干事说着，在遗物登记簿上规规矩矩地写下：亲人照片一张。他又把堆在地上的碎衣物，像捡破烂的老汉一样，根根梢梢翻了个遍，每个衣角都用大拇指和食指对着捻一回，看藏没藏着东西，直到万无一失。

好了，我们可以撤了。竹干事合上登记簿，疲惫已极地说。他把钢笔和伤湿止痛膏细致地包好，照片也用白纸来起来。只是把军用水果糖丢在墙角，说，这个就算了吧。转送家属，吃又吃不得，留着还挺伤心，不如眼不见为净。

糖块叽里咕噜地滚着，刚开始声音很脆，好像玻璃弹球在找坑，渐渐地就不怎么响了，太平间地上积满尘土，它们保证已脏得发不出动静了。

我们缓缓地往外走，小如突然停了脚，说，竹干事，有一句话，我不知当说不当说。

快走到门前的竹干事，简短地回答，说。

小如说，竹干事，把相片还给班长吧。

我们一时没明白，但是我们马上就明白了。小如接着说，照片带回去，还给谁呢？给那个姑娘，她会难过死的。他的父母也会难过的，她本来会是他们的儿媳妇，可是以后永远不会是了。最难过的还是班长，他那么心爱的东西被拿走了，永不还他。照片被不认识的人传着看，代为保管，他会不乐意的……

我们被小如的话感动，双脚牢牢地站在地上，用这个姿势告诉竹干事，要是他不答应小如的请求，我们就不离开太平间了。

竹干事什么也没说，从纸夹里抽出红脸姑娘的照片，递到小如手里。我们一道走到白如雪峰的尸床前，小如轻轻地揭开白布。班长向上扬起的眉毛是微笑模样，好像在睡梦中赞同我们的主张。我们轻轻地把他的衣扣解开，把照片平平整整地插进他左胸前的衬衣口袋。我看到那张照片有节奏地起伏着，班长年轻的心在托着它跳动。

我们走出太平间，好像在里面待了一百年，山川河流都有了很大的改变。天变低了，云变重了，太阳是多角形的，雪山也变黑了。竹竿事冲我们扬扬细瘦的胳膊，说，再见了，女兵们。但愿有一天我阵亡的时候，还能由你们来为我换衣。

我们说，我们不给你换衣服，你还是好好活着，自己给自己换衣服吧。

回到宿舍，我们都拼命讲其他的事情，再也不提一个"死"字。

我趴在地上，从床底下翻自己的细软。找了半天，才从长筒靴后面找到我的宝贝盒。它是我求老兵用三个罐头盒子的铁皮，剪开打制而成。我专挑菠萝罐头盒，因为它的皮不仅结实耐用，而且都是金黄色的，精心砸制出来，好像纯金制成的万宝箱。我抱着它走到背人的角落，打开，里面是满满一盒军用水果糖。它们穿着草绿色的衣服，好像是饱满的小水雷。我一直想不通高原部队发的糖，为什么要是绿色的，难道糖纸也要伪装吗？如果战争打响了，你在嘴里塞进一块红糖纸的糖，就会被敌人发现，而绿糖纸就可安然无恙吗？

好了，不想这种节外生枝的问题了，正事要紧。我开始挑选水果糖。平日吃糖的时候，随便抓一块就是。但这一次，我苛刻已极。糖纸稍微有些残破的，颜色不鲜艳的，包括虽然外形完整，但由于被揉搓过，显出一副无精打采样子的水果糖，都毫不留情地淘汰。最后入选的种子选手，都像是刚从生产流水线上跳下来的产品，容光焕发。糖块像石子一样坚硬，两端拧起的糖纸，好像小姑娘的刷子辫，舒展又漂亮。

我揣着糖果，用那把锐利的钥匙开了门，再一次走进太平间。屋子里有一种新衣服浓重的桉叶味，混合着炭盆燃烧后的

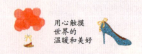
用心触摸
世界的
温暖和美好

袅袅烟气，好像是一座被雷电击过的热带雨林。班长安详地睡着，我附在他的耳边，轻轻说，对不起啊，再打搅一次……

我把三块水果糖，小心翼翼地放在他的右裤兜里，我记得很清楚，我们正是从那个兜里取出了他的旧水果糖。我把班长的衣服重新抚平，让他睡得更舒适些，然后缓缓退出。

我感觉背后有凉风袭来，回头一看，是竹干事。

你又来干什么？竹干事问。

我……来看看……我支吾着说。我知道像竹干事这样的老兵，将生死看得淡如烟云。把糖的事如实说出，他会笑我的。

生和死的区别，其实没有我们想象的那样大，不过是蚕蜕了一层皮。竹干事缓缓地说。

我转移话题说，那你来干什么？

竹干事说，我领着木工来装棺。

经他一说，我才看到，在不远处，一座朱红色的棺木，在几个人的肩头，宫殿一般雄伟地矗立着。

工人们开始装殓班长，棺里铺了松软的棉被。班长从水泥的台子上搬到木制的小屋，一定会感觉暖和些的。

竹干事对我说，不必遮遮掩掩，我都看到了。他以后没有机会吃糖的。

我说，才不对呢。我相信在一个春天的晚上，天上有着圆圆的月亮，班长定会和他相片上的未婚妻，在烈士陵园的台阶上相会，每人嘴里含着一块糖。

跋 · 与世界温暖相拥

我是从当医生开始频繁地使用文字，那时每日要写病历和死亡报告等医疗文书。那种文字必定是客观、安静、恭谨与精确的描述。文字的应用，说简单，真是再家常不过了。你可以没有一寸土地，没有一颗粮食，但你依然可以拥有语言和文字。书写这件事的最低要求，是要让别人明白你的意思。高一些的要求，是要把你的意思说得尽可能引人共鸣。这是尚未过时的需要苦修的教养，是一个人思维本质的外化。如同习武之人对剑技和刀法的淬炼，你得日日潜心钻研。

多年前，我在北京郊区的农村买了几间小房，院子空荡荡，有野鼠出没（常常希望有狐，可惜没见过）。到了初春，植树节后，我从苗圃买回两棵梧桐树。它们光秃秃的，又细又轻，不见一丝绿意，活像搭蚊帐的旧竹竿。我挖了宽敞的坑将它们的根须埋下，底部还施了从集市买来的麻酱渣。我先生说，这地方咱也没有产权，人家说不定哪天就收回去了，似不必如此上心。我说，就算人家把房子收了，这树也依然会生长，我们还是善待它们吧。

我以前知道法国梧桐真名叫悬铃木，觉得起这名字的人富有想象

力和诗意。待自己植了这树，才发现它们的果实真是太像悬挂的小铃了。再呆笨的人，也会让它们拥有这个名字。不知道是不是我那两桶麻酱渣滓的效力，梧桐树发愤图强努力长大，几年的工夫，已经有四层楼高了，皮青如翠，叶缺如花。阔大的叶子像相思的巨手，每晚都在风中傻呵呵地为自己鼓掌。秋天的时候，它们会结出圣诞铃铛般的果实，自得其乐地晃荡着，发出我们听不见的叮当之响。阳光透过叶子抛洒在地面上，红砖漫砌的地就被染上点点湿绿，重叠成深沉的暗咖色。我懊恼地想，早知道梧桐绿得这样狠，不如当初垫了灰蓝的砖，索性让它们碧成一坨，比如今这般缠丝玛瑙似的绞着好。

突然，我看到头顶的斑驳中有一只清爽的鸟，在绿叶中跳跃，好像在和另外一只鸟捉迷藏。细细看去，其实并没有另外一只鸟，它是单身。但如果没有另外一只鸟，它如此执着地在我家悬铃木上钻来掠去，是何用意呢？想起"却是梧桐且栽取，丹山相次凤凰来"，莫非凤或凰的雏鸟被我家的梧桐引了来？成年的它们是绚彩的，不知幼小时也曾披过素衣？

人无法猜透一只鸟的心思，就像我们无法洞彻人生。不像梧桐是先知先觉的，它和秋天有秘密的联络孔道。要不，怎么会"梧桐一叶落，天下皆知秋"呢。

好几天，那鸟不辞劳苦地穿行于我家的悬铃木间，看得出它更属意东面的那一棵。我现在已经辨认出它是一只喜鹊，不是那种灰头土脸、吃松毛虫的小个子灰喜鹊，而是眉清目秀、黑白相间的长尾巴花喜鹊。

它来我家的时候，像一架民航货机，滞重迟缓载着货物；飞离的时候就一身轻松，活泼轻快，赶路匆匆。它确实是有伴的——另一只花喜鹊，黑和白的部分似乎均比早先这一只更大更鲜明，许是一只雄鸟吧。当我确认它们是一家之后，也就知道了它们的用意。两只喜鹊每天辛辛苦苦地衔来各色树枝，是要在悬铃木上搭一巢穴，迎接新生命的降生。

一只喜鹊窝，要搭建多少枝条？要衔来多少草梗？要倾注多少气力？要呕沥多少心血？要耗费多少光阴……

听到我自言自语，路过的原住民老婆婆说，喜鹊选搭窝的地方时可心细呢。天上头要没有北风，地下面要没有凶兆，远处要没有打扰，近处要没有响动……最用心的窝，喜鹊要啄下身上的羽毛，铺垫得暖暖和和，小喜鹊孵出来后才活蹦乱跳。

我没见过自拔胸羽的喜鹊，这两只鸟好像也没有这般忘我。但我不得不信老婆婆的话。她说这些话的时候，摇晃着满头坚硬的白发，

配着漆黑的旧衫，目若朗星。我疑心她在以往的哪一辈子曾做过鹊妖。

等着听小喜鹊叫吧。早报喜，晚报财，不早不晚报客来。她胸有成竹地说，好像未来的小喜鹊是她派往我家的儿童团。

为了节省喜鹊夫妇的时间，我约莫了一下它们搭巢所需建材的长短，捡了一堆草梗和树枝放在院子里，期望它们就地取材。但喜鹊夫妇胸中自有拟好了的蓝图，有我们不知的选材标准，对此视而不见，依然辛辛苦苦地到远处去衔枝。它们不屑。

鹊巢终于搭好了，小喜鹊在这里降生，一窝又一窝。

在两棵梧桐树和喜鹊家族的陪伴下，我写下了这许多作品。我用时间的树枝搭起了这个文字的喜鹊窝。喜鹊本是单调的凡鸟，只有黑白两色，全无时尚的外观。它的窝也是粗糙和朴素的，甚至有一点儿边设计边施工的乱七八糟。不过，我在这个窝中垫入了一缕缕羽毛，它们来自我沧桑的岁月和我温热的心房。

毕淑敏
二○16.8.10 北京.

（京）新登字 083 号

图书在版编目（CIP）数据

用心触摸世界的温暖和美好 / 毕淑敏著 .—北京：中国青年出版社，2016.10
（青春读书课）
ISBN 978-7-5153-4441-6

I. ①用… II. ①毕… III. ①散文集 – 中国 – 当代 IV. ① I267

中国版本图书馆 CIP 数据核字（2016）第 201445 号

用心触摸世界的温暖和美好

毕淑敏 著

策　　划：李钊平
责任编辑：彭慧芝　刘　莹
内文插图：段革新
装帧设计：今亮后声HOPESOUND
　　　　　pankouyugu@163.com
出版发行：中国青年出版社
社　　址：北京东四十二条 21 号
网　　址：www.cyp.com.cn
编辑中心：010-57350371
营销中心：010-57350370
印　　装：鸿博昊天科技有限公司
经　　销：新华书店
规　　格：880 mm×1230 mm　1/32
印　　张：9
字　　数：200 千
版　　次：2016 年 10 月北京第 1 版
印　　次：2016 年 10 月北京第 1 次印刷
印　　数：1-20000 册
定　　价：32.00 元